知識ゼロからの

The Guide of Tasting Shochu for Beginners

日本酒類研究会・編著

焼酎入門

麦焼酎、米焼酎……いろいろな味が楽しめる**宮崎の焼酎**

まろやかな味が特徴。くせになる味で人気上昇の**泡盛**

島による違いが楽しめる**伊豆諸島の焼酎**

牛乳、じゃがいも、しそ……全国には**バラエティにとんだ焼酎**がたくさんある

清酒の副産物**酒粕**からもおいしい焼酎ができる

フルーティで飲みやすくなった**鹿児島のいも焼酎**

米本来のうまさがひきたつ**熊本の球磨焼酎**

大分の麦焼酎は麦麹を使用。製法を工夫し、すっきり飲みやすく

壱岐は**麦焼酎**発祥の地、島内の水がうまさをひきたてる

奄美の黒糖焼酎は、ほんのり甘い日本のラム酒

幻冬舎

知識ゼロからの焼酎入門●もくじ

第二章　日本各地の名酒をたずねる

第三章　原料の特徴を知り、焼酎を味わう

第四章　焼酎ができるまで

まえがきにかえて
本格焼酎が体によいといわれる10のポイント

健康ブームのせいか、お酒を飲む時にも少しでも体によいものを飲みたい、という人が増えている。「酒は百薬の長」ともいうが、数ある酒のなかでも、近年、本格焼酎にはすぐれた効果があることが明らかになった。本格焼酎の持つ健康増進効果を知り、有効に取り入れるための10のポイントを紹介しよう。

Point 1
心筋梗塞、脳梗塞の予防につながる

心筋梗塞《こうそく》や脳梗塞は、心臓や脳の血管に血栓《*けっせん》が詰まることによって引き起こされる。ただし、血栓がないと傷ついた血管の修復もできず、出血を止めることもできない。

健康な人であれば、余分な血栓を溶かす酵素を持っているので、血栓による病気を防ぐことができる。しかし年をとったり、偏った食生活やストレスの多い生活をしていると、血栓を溶かす酵素の働きが弱まってくる。その結果、血栓が血管に詰まって、心筋梗塞や脳梗塞に見舞われる。血栓を溶かす作用を持つ酵素のひとつがウロキナーゼである。本格焼酎にはこのウロキナーゼを増やす効果があり、血栓症の予防に役立

＊**血栓**
血管内で血液の成分が固まり、固形になったもの。血栓症は血栓ができたことにより、血流が妨げられ、梗塞が起こる。

つのである。

Point 2 血栓を溶かすのは本格焼酎だけ

心筋梗塞《こうそく》や脳梗塞といった血栓による病気を防ぐには、血液中の余分な血栓を溶かして血液がサラサラと流れるようにする必要がある。そのために有効なのが、血栓溶解酵素のウロキナーゼである。

ほとんどの酒類にはウロキナーゼを増やす効果があるが、なかでも乙類焼酎（本格焼酎）はその効果がダントツに高いことが実験によって証明されている（下グラフ参照）。しかも、いもや麦、そばといった焼酎はとくにすぐれているという。

現在、どの成分が有効なのかは研究中であるが、微量に含まれる風味や味わいに関係する、乙類焼酎特有の成分が複合的に働いていると考えられている。

Point 3 ワインより本格焼酎のほうが血液サラサラの効用が高い

ワインブームの折り、ワインに含まれるポリフェノールは、血栓ができるのを防ぐといわれていた。ところが、本格焼酎にはポリフェノールを上回る効果があるのだ。

ポリフェノールは、抗酸化作用によって動脈硬化を防いだり、血栓を予防するのに有効だが、すでにできてしまった血栓を溶かす効果はない。一方、本格焼酎を飲むことによって増える血栓溶解酵素のウロキナーゼには、すでにできてしまった血栓を溶かす作用もあるのだ。焼酎の特筆すべき、すぐれた効果といえよう。

[血液中の血栓溶解酵素への影響]

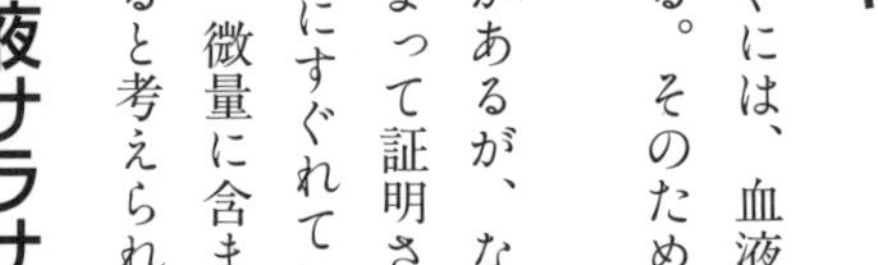

62人の被験者に同じアルコール量で各酒類を飲んでもらい、1時間経てから、血液中の血栓溶解酵素の量を測定した。

Point 4 ストレスを軽くする

現代人とストレスは切っても切れない関係にある。仕事や人間関係だけでなく、家庭内にもストレスは存在する。しかもストレスをゼロにすることは不可能である。過剰なストレスは万病のもとともいわれ、ガンをはじめ、高血圧や高脂血症、糖尿病などの生活習慣病の誘因として挙げられている。血栓もまた、ストレスが強く加わるとつくられやすくなるという。

そのため、ストレス解消が健康維持の重要なカギとなるのだが、適量の飲酒はストレスを軽減し、心身をリラックスさせる効果がある。

適量の飲酒を続けている人は血圧が安定し、コレステロール値も下がり、血栓を防ぐ善玉コレステロールが増えることもわかっている。飲み過ぎは厳禁だが、焼酎で晩酌をすれば、ストレス解消にも血栓予防にも役立つのだ。

Point 5 免疫機能を高める

私たちの体には本来、自分の体を守る免疫機能が備わっている。ところが長い間ストレスにさらされたり年をとってくると、この免疫機能は徐々に低下してくる。免疫機能が低下すると感染症などの重大な病気を防いだり、闘う力が弱まってしまう。

焼酎を飲んでストレスを解消することは、免疫機能が低下するのを防ぐことにつながる。免疫機能を高めるためにも、適量の飲酒がすすめられる。

Point 6 漢方薬と同様の薬効を持っている

漢方薬は動植物が原料の生薬を水で煎じて飲むものだ。複数の生薬の組み合わせによって、症状の改善に用いられている。有効成分についても研究が進められているが、まだまだ不明なものも多い。本格焼酎もまた、漢方薬と似ている。

本格焼酎は蒸留してアルコール分を抽出するが、この時多種類の微量成分も一緒に抽出される。これらの成分のなかに血栓溶解酵素を増やすものがあると思われるが、そのひとつひとつの成分や働きについては、依然明らかになっていない。秘められた有効成分が多種類存在すると考えられているのだ。

漢方の生薬には水で煎じても有効成分が抽出できないものがあり、古来より、焼酎で煎じたり、焼酎に漬け込んで用いられてきたものも多い。焼酎によって抽出効率が高まったり、未知の成分が多く引き出され、高い効果を発揮すると考えられたようだ。

Point 7 日曜の夜に飲むのが最適

焼酎を日々の晩酌で楽しむのもよいが、最も効果的に飲むのなら、日曜日の夜がベストである。これには次のような理由がある。

日曜の夜は「また明日から仕事だ」「長い一週間の始まりだ」と思ってしまう人も多いだろう。非常にストレスが強くなっており、気分も落ち込んでいる。こうしたストレスがあると血栓がつくられやすく、血圧も上昇する。そのためか、統計によると、心筋梗塞《こうそく》の発作は月曜日の早朝に多発している。さらに、血管に血栓が詰まる時間帯は午前二～五時頃が多いことも明らかになっている。

つまり、ストレスを解消し、血栓症による発作を防ぐには、日曜日の夜に手を打つ必要がある。日曜の夜に焼酎を飲んで血栓を予防し、心身ともにリラックスすることができれば、月曜早朝の魔の時間帯に発作を引き起こす危険が少なくなるのだ。

Point 8 一～二合の適量を守る

適量の飲酒を続けている人は、まったく酒を飲まない人よりもガンや心筋梗塞、脳梗塞の発生率が低いといわれている。

しかし、いくら焼酎が体によいといっても、たくさん飲めば効果が上がるというものではない。焼酎もほかの酒類と同じく、適量を守ることが大事だ。一般に、適量とされるのは純アルコールに換算して三十mℓ程度。焼酎なら一～二合までである。酒好きの人にはもの足りない量かもしれないが、これ以上飲むと焼酎のせっかくの効果が得られないばかりか、アルコールの処理のため、肝臓に負担をかける。健康診断の肝機能検査で数値の異常や脂肪肝が発見されることにもなりかねない。

家庭で晩酌をする時はもちろんだが、外で飲む時にも適量範囲内でさっさと切り上げるようにしたい。

Point 9 料理と一緒に楽しめば、効果はさらにアップ

酒好きの人によく見られるが、少しでも多く飲みたいがために、食事はおろか、肴《さかな》もつまみも食べずに飲んでしまう人がいる。あるいは、酒の肴に塩辛や漬け物など、塩分の濃いものばかりを好むという場合も多い。これでは焼酎のせっかくの効果が消し飛んでしまう。

本格焼酎は食中酒として楽しめる酒だ。和洋中のどんな料理とも合わせやすく、食事をとりながら、おいしく飲むことができる。つまり、食事と一緒に飲むことで栄養面のバランスもとれ、飲み過ぎを防ぐこともできるのだ。

Point 10 料理酒として使用するのも効果がある

焼酎の持つ血栓予防や血栓溶解の効果を活用したいと思っても、お酒が飲めない下戸の人に無理やり焼酎を飲め、というのは酷なもの。そんな場合は、焼酎を料理酒として使えばよいのである。

アルコール分を取り除いた本格焼酎の成分でも、焼酎を飲んだ場合と変わらない効果が得られることが実験によって明らかになっているからだ。これまで使っていた料理酒を本格焼酎に取り替えればよい。加熱調理すればアルコール分は飛び、焼酎の匂いも残らないので、料理の味や風味が損なわれる心配もない。これなら下戸の人も焼酎のすぐれた効果を得ることができる。

第一章

焼酎の飲み方・楽しみ方

お湯割り？ 水割り？ 焼酎の基本的な飲み方

焼酎は[*1]甲類焼酎と乙類焼酎（本格焼酎）の二つに分けられ、当然ながら、その種類によって飲み方も違ってくる（甲類焼酎の飲み方は一八頁参照）。乙類焼酎（本格焼酎）の場合は、香りや風味、味わいにそれぞれ原料ならではの特徴があり、銘柄ごとに一つ一つ違いがある。焼酎の味そのものを味わうのが原則である。飲み方には、生《き》と呼ばれるストレートやオン・ザ・ロック（酒と氷のみ）のほか（一六頁参照）、お湯割り、水割りなどがある。

一度試してほしいのが、燗《かん》付けという飲み方。焼酎を水で割って一〜二日置いたものをゆっくりと温めて人肌のぬる燗にして飲むというもの。焼酎と水がじっくりとなじむため、ふわりとやわらかな味わいが楽しめる。

地元では、お湯割りも水割りも、昔は焼酎六に対してお湯または水四が通例だったが、現在は五対五または焼酎四対お湯または水六で飲むことが多いようだ。もちろん自分の好みの割合でいいのだが、風味を損わないためには、このくらいの割合がいいだろう。

もっとお酒がおいしくなる話

正しい「お湯割り」はお湯が先

焼酎にお湯を注いだものより、お湯に焼酎を注いだものの方が、味わいがまろやかに感じるはずだ。焼酎にお湯を注ぐと、焼酎のアルコール分子が壊れて、舌への刺激になってしまう。一度、飲み比べてみるとよい。

また、人肌程度の温めのお湯で割ると、焼酎の風味がいちばん引き立つ。お湯の温度にも気を使うと、より一層おいしくなるので、ぜひ試してみよう。

＊1 甲類焼酎と乙類焼酎
蒸留の方式による違い。甲類焼酎は連続式蒸留で雑味を極力取り除いたもので、乙類焼酎（本格焼酎）は単式蒸留で原料の風味を残して蒸留したもの（一〇六頁参照）。

おいしい飲み方を地元に習う——お湯割り、水割り

お湯割りで飲む

福岡……………麦焼酎・米焼酎
お湯の温度は43℃程度。
寒い時は、お湯の温度を45℃程度に

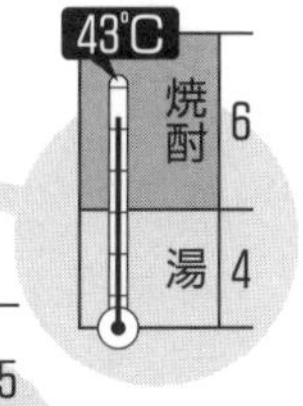

佐賀……………麦焼酎・米焼酎
お湯の温度を高めにする

長崎……………麦焼酎　冬はお湯割りで

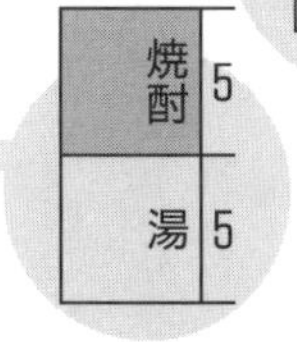

熊本……………米焼酎

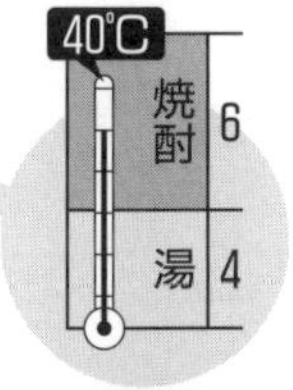

宮崎……………いも焼酎

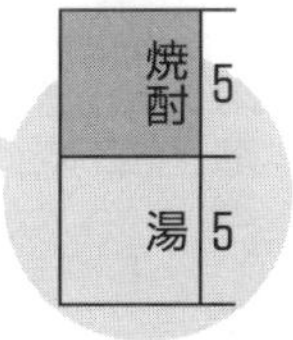

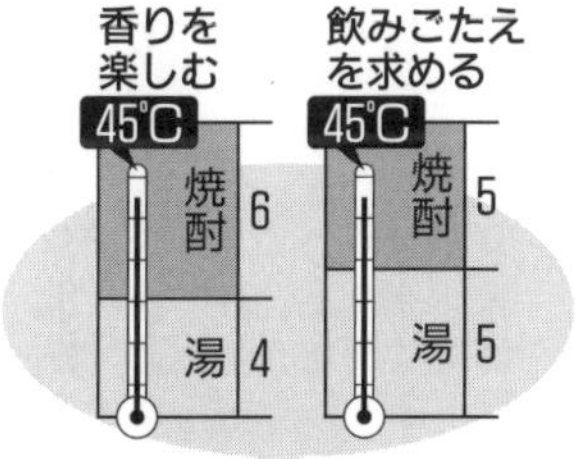

鹿児島…………いも焼酎　お湯の温度は45℃前後　食中酒がベスト

水割りで飲む

長崎……………麦焼酎　夏は、水割りがおいしい

大分……………麦焼酎

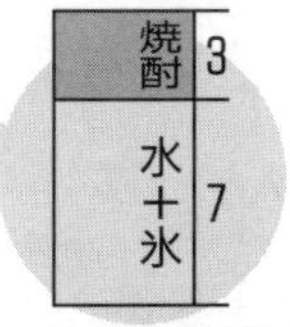

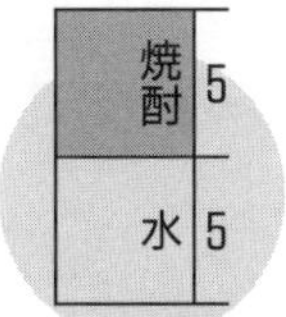

熊本……………米焼酎　アルコール度数35度くらいのものを水割りで

鹿児島…………麦焼酎　常圧蒸留で、貯蔵期間が長いものを水割りで

沖縄……………泡盛　泡盛愛飲初心者は水割りがベスト

焼酎のスタンダードな飲み方②

香りや味をしっかり味わうには、ストレートやロックで

「焼酎の基本は、お湯割り」と思われがちだが、実はストレート（生《き》）やオン・ザ・ロックで飲んだ方がよいものもある。

長崎や宮崎の麦焼酎ならば、アルコール度数二五度をストレートで飲むとおいしいし、球磨《くま》焼酎（米焼酎）は、アルコール度数が三五度のものがオン・ザ・ロックにあう。黒糖焼酎は、香りがしっかり残るオン・ザ・ロックで、鹿児島の米焼酎はストレートがいちばんと、同じ原料でも生産県によって飲み方がかわってくる。

最近では、ボトルのラベルに最適な飲み方を明記した銘柄も登場している。蔵元が焼酎の味を決める時に、飲み方を考えて味を決めることがあるからだ（ブレンド一一四頁参照）。

そのほか、アルコール度数の高いものは、ウオッカのようにボトルごと冷凍庫で冷やして飲む、パーシャル・ショットというちょっと変わった楽しみ方もある。焼酎がとろりとし、なんともいえない風味が口の中に広がる。

鹿児島のおもてなしは、焼酎を一晩寝かせる

酒豪が多いといわれる鹿児島の人たちの客のもてなし方は、少しかわっている。大事な客が訪問する前の晩から、焼酎を黒ジョカという焼酎用の酒器（40頁参照）に注ぎ、一晩寝かせる。すると、開封したての瓶から注いで飲むよりも、味がまろやかになり、やわらかい口当たりになる。

客に、よりおいしい焼酎を飲んでもらおうという、粋な計らいなのだ。ちなみに、アルコール分はとばないそうである。

おいしい飲み方を地元に習う――ロック、ストレート

ストレートで飲む

福岡……………ごま焼酎

長崎……………麦焼酎
愛飲歴が長い人向け
アルコール度数25度のものを
ストレートで

鹿児島…………米焼酎

沖縄……………泡盛
愛飲歴が長い年配の人向け
古酒（クース）も
ストレートがおいしい

ロックで飲む

福岡……………粕取り焼酎

熊本……………米焼酎

宮崎……………麦焼酎

鹿児島…………黒糖焼酎
食後酒として飲む

沖縄……………泡盛
愛飲歴が長い年配の人向け

酎ハイのおいしい割合は一対四。あとはお好みで

居酒屋などで飲む酎ハイには、甲類焼酎（一〇七頁参照）が使われている。「トライアングル」「純」「レジェンド」など一度は耳にしたことのある銘柄も多い。別名ホワイトリカーともいわれ、自宅で楽しむためにつくる梅酒などをつけるアルコールとしても使われている。

甲類焼酎は、無味無臭でくせがなく、飲みやすいので、炭酸ソーダやジュース、ウーロン茶などで割って飲むのに適している。

いちばんおいしい割合だが、酎ハイは焼酎一に対してソーダ水二または四の割合がよいといわれている。居酒屋などでは、左頁のように、おいしい割合を研究して、いちばん受け入れられやすい割合を決めている。

酎ハイは自宅でも簡単につくれる。その場合は甲類焼酎ではなく、本格焼酎を使ってみるのもいいだろう。いも焼酎や米焼酎のように香りが強いものではなく、香りがマイルドな麦焼酎がおすすめだ。

最近は、酎ハイに生の果汁を絞り入れる飲み方をよく見かける。ジュースほど甘くなく、フルーツの香りがさわやかでより飲みやすくなる。

飲みやすい甲乙混和焼酎

焼酎は甲類と乙類に分類されるが、それら２つの種類の焼酎を混ぜ合わせた甲乙混和焼酎というものもある。これは、混和比率が甲類50％以上95％未満、乙類５％以上49％未満のものを指す。無味無臭といわれる甲類焼酎に、香りや味を印象づける目的で乙類を混和している。

「ステラ」や「かのか」など、いろいろな銘柄が出ている。これまで、乙類焼酎の香りが気になって飲めなかった人にとって、甲乙混和の焼酎は親しみやすくなっている。

酎ハイをおいしく飲む割合は

スタンダードな酎ハイ

焼酎1、ソーダ水4
居酒屋やバーでは、この割合が多い。お酒に強くない人も、この割合なら飲めるだろう

ちょっと濃いめの酎ハイ

焼酎1、ソーダ水2
この割合の居酒屋も多い。焼酎の味がしっかり出るのがこの割合。お湯割りの基本的な割合とあまり変わらない

生の果汁を入れる

酎ハイの基本の割合に、レモンやグレープフルーツなどの搾りたての果汁を入れる。居酒屋の人気メニューのひとつ

ジュースで割る

焼酎1、ジュース0.5、ソーダ水1.5または3.5
カルピスやジュースなどで割る時は、この割合がベスト。これ以上ジュースの割合を多くすると、甘くなってしまう

たまには変わった飲み方で焼酎カクテルを楽しむ

カクテルというと、洋酒をベースにしたものが一般的だ。しかし最近、焼酎をお湯割りや水割り、オン・ザ・ロックなどのスタンダードな飲み方だけでなく、カクテルでも楽しむ人が増えてきた。以前なら居酒屋で酎ハイというのがお決まりの飲み方だったが、最近ではバーでも、焼酎カクテルを飲めるところが多くなっている。とくに、くせがなく飲みやすい甲類焼酎や麦焼酎をベースにしたカクテルが人気だ。

基本的に焼酎は食中酒といわれるが、カクテルになると、苦味の強いアペリティフ・カクテル(食前酒)、甘いタイプのアフター・ディナー・カクテル(食後酒)、いつどこで飲んでもあうオール・デイ・カクテルに分けられる。つまりオール・デイ・カクテルなら、食事をしながらでも大丈夫というわけだ。

焼酎カクテルは、グラスなどの道具や材料さえ揃っていれば、自宅でも気軽につくることができる。その時の気分や場面にあわせてつくってみてはどうだろう(つくり方は一二六頁参照)。

もっとお酒がおいしくなる話

目でも楽しめる「金魚」という飲み方

焼酎には、味覚だけでなく視覚でも楽しむ飲み方がある。

たとえば「金魚」。ロック・グラスに焼酎を適量注ぎ、大葉を1枚入れる。そこに細長く切った赤いパプリカを2つほど入れると、金魚鉢に金魚が浮かんでいる感じで、見た目にも楽しめる。

こんな飲み方を、自分たちで考えてみるのもおもしろいのでは。

うちでつくるために準備しておきたいおもなもの

飲み比べて好みの味を見つける

テイスティングとはその言葉通り、焼酎の味、匂いの違いを利《き》き酒によって調べることだ。焼酎の利き酒を行う専門家もおり、口（味覚）と鼻（嗅覚）を使って調べることから官能評価ともいう。本来はプロが行うものだが、自分の好みの焼酎を見つけるためにも、トライしてみよう。

利き酒をしてもプロのように上手に言葉で表現することはできないかもしれないが、いろいろな種類の焼酎を試して、自分の好みの味や香りをもつお気に入りの一本が見つかれば、焼酎を飲む楽しさも倍増するはずだ。テイスティングの方法は、左図のように行うのが一般的。一人で何種類もの焼酎を準備するのは大変なので、焼酎好きの友人数人で集まって、持ち寄った焼酎のテイスティングをしてみるとよい。あるいは、焼酎の銘柄を豊富に揃えた居酒屋などで、少しずつ試してみる方法もある。

焼酎はいもや米、麦、そばなどの原料によって味や香りがまるで異なる。銘柄も非常に多く、全種類を制覇するのは難しいが、違いを発見し、味わう楽しみもまた膨大にあるのだ。

もっとお酒がおいしくなる話

アメリカやフランスにも焼酎がある

焼酎は日本の蒸留酒と思われがちだが、実は隣国の韓国はもちろん、アメリカやフランスでも造られている。アメリカではとうもろこし（銘柄名「霧のサンフランシスコ」）を、フランスでは砂糖大根（デーツ）（銘柄名「パリ野郎」）を原料に造られている。バーボンウイスキーやリキュールの技術や考え方を焼酎の製法に生かし、生み出されたものである。

ちなみに、これらは甲類に属するが、冷凍庫でよく冷やすととろりとした味わいになり、ストレートで味わえる。

本格焼酎のテイスティングに挑戦

テイスティングに必要なもの

・テイスティングを行う数種類の焼酎
・焼酎の種類数だけのグラス（用いるグラスは、焼酎の香りがこもらないようにロック・グラスのような形のグラスを選ぶとよい）
・水（利き酒した後の口直し用に用意しておくとよい）

テイスティング方法

●色の確認
グラスを光に透かし、焼酎の液体の色や照りを見たり、濁りの有無を調べたりする。樽《たる》貯蔵したものや長期熟成した焼酎には琥珀《こはく》色やべっ甲色のように淡く色がついたものがあり、色を見比べる楽しみもある。

●香りの確認
グラスを軽く揺り動かし、鼻を近づけて立ちのぼる香りをかぐ。ガス臭の有無を調べ、原料の香りや、フルーティな香り、ナッツのような香ばしさ、樽香など、複雑に入り混じった香りを嗅ぎ分ける。香りは温度によって立ち上がり方が違うので、さまざまな温度の水（お湯）で割ってみるとおもしろい。

●味の確認
口に少量含み、口の中に広がる香りを調べる。その次に舌全体に焼酎を広げて、味をみると同時に、空気を吸い込んだ時に鼻を通して感じる香りも調べる。そのあとで焼酎を吐き出し、後味と残り香も判定する。余韻が長く残るものか、すっきりとして後味が軽いものかなどが分かる。

テイスティングの機会を増やし、いろいろな種類の焼酎を飲み比べていくと、それぞれの味の個性が分かるようになるだけではなく、自分の好みの味も見つけ出せる。

いも焼酎には、脂ののった料理や煮物があう

焼酎は、食事をしながら飲むお酒として最適だ。香りが強いいも焼酎も、例外ではない。

いも焼酎は、さつまいもの香りが強いため、かき揚げやてんぷら、鶏の唐揚げなどの揚げ物や、切り干し大根、おでん、いもの煮ころがしなど、煮物のしっかりした味付けの料理があう。また漬け物と、いも焼酎の相性もバツグンだ。みそを使ったもの、たとえばみそ田楽やさばのみそ煮などとも相性がよい。

いも焼酎の本場鹿児島の郷土料理をみると、その一端がうかがえる。さつまあげ、黒豚のみそ漬け、きびなごの酢みそ和えなど。どれもしっかりした味付けのものばかりだ。

和風の料理だけではない。いも焼酎はチーズを使ったピザ、ミートソーススパゲティなどのパスタにも意外とあう。いも焼酎のはっきりした味が、チーズの味を引き立てる。ワインにあわせるのが一般的だが、一度いも焼酎のお湯割りやオン・ザ・ロックとあわせて味わってみるといい。

もっとお酒がおいしくなる話

焼酎には賞味期限がない!?

食品衛生法によると酒類は、加工年月日の表示を省略してもよいことになっている。というのも、酒類にはアルコール分が含まれているからだ。まして焼酎は蒸留酒で糖質やたんぱく質などをほとんど含まず、アルコール度数も25度以上のものが多い。開封して雑菌が混入しない限り、腐敗の心配はないのだ。

ただ、おいしく飲むためには、紫外線を避け、冷暗所で保管するのが基本。これを守れば1年や2年は問題ないという。

いも焼酎とあうおもな料理

●かつおのたたき

●おでん

●さばのみそ煮

●切り干し大根

●干物

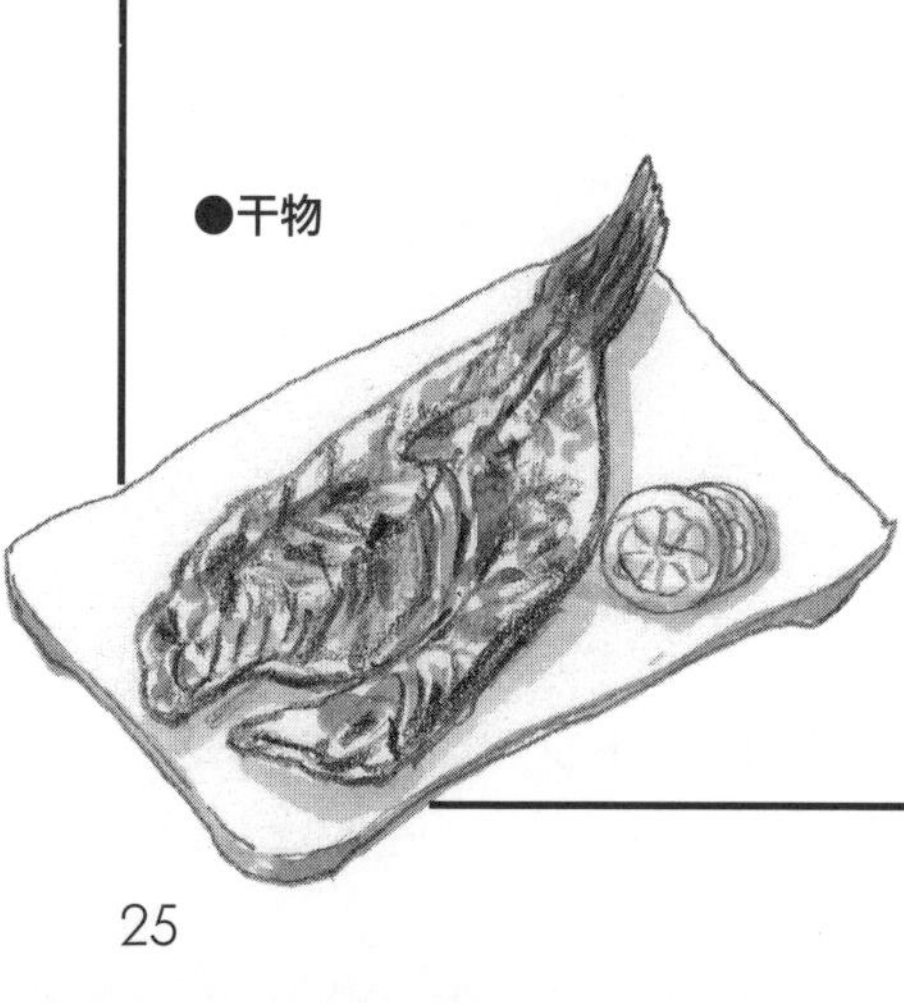

●かき揚げ

米焼酎は、さしみなどのあっさりしたものと飲みたい

米焼酎は、原料も麹も米という、米一〇〇パーセントの焼酎である。口あたりがよく、まろやかな味が特徴だ。のど越しもすっきりしている。米焼酎にあうのは、素材そのものの滋味を味わう料理だ。たとえばふろふき大根、さしみ、きゅうりとわかめの酢のものなど。米焼酎のまろやかさとあいまって、料理のおいしさを引き立ててくれる。

原料と同じ、米を使ったものや、みそ、豆類を使ったものとも相性がよい。米の産地秋田のきりたんぽ鍋、新潟の栃尾《とちお》揚げのみそ焼きなどもいいだろう。

パスタもおすすめだ。とくにシーフードを使ったボンゴレ・ロッソなどのあっさりめのパスタとあう。サケのムニエルなど、表面がカリカリに仕上がっている料理にも、すっきりした味の米焼酎がおすすめだ。

もっとお酒がおいしくなる話

イタリアの蒸留酒グラッパと焼酎の共通点

グラッパとはイタリアの蒸留酒である。ワインをつくる時に出るブドウの皮や種などの搾《しぼ》りかすを蒸留して造る。

昔、イタリアの貧しい農民は自分たちがつくっているにもかかわらず、ワインを口にすることができなかった。そこで、残りかすでグラッパをつくり、飲んでいたという。残り物からつくるという点は清酒の酒粕からつくる粕取り焼酎と似ている。

グラッパは、もともとは高級酒ではないが、近年、ウイスキーのように樫樽《かしだる》や桜の樽で熟成させた高級品も登場している。これもまた焼酎との共通点といえるだろう。

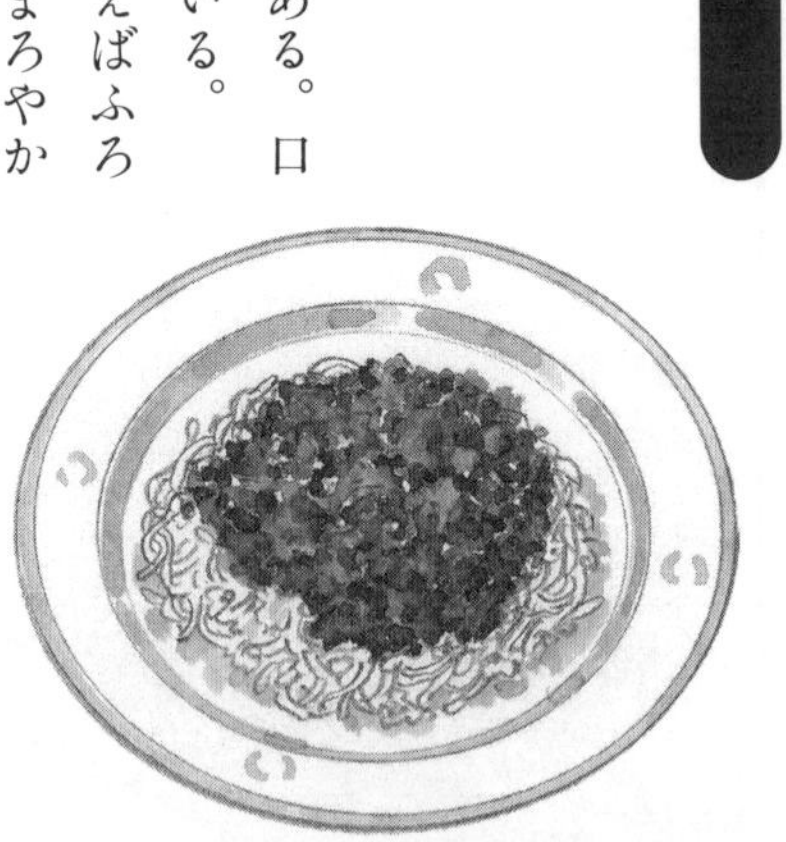

●ミートソーススパゲティ

米焼酎とあうおもな料理

●ボンゴレ・ロッソ

あさりのたくさんはいったトマトソースのパスタ

●ふろふき大根

●きゅうりとわかめの酢の物

●さしみの盛り合わせ

●栃尾揚げのみそ焼き

栃尾揚げは新潟県栃尾市名産、長さ20センチ、幅6センチ、厚さ3センチの大きな油揚げ。これにみそをつけて焼いたもの。

●きりたんぽ鍋

辛口の麦焼酎は、炒めものと一緒に味わう

麦焼酎は、すっきりした味の辛口タイプの焼酎だ。麦のこうばしい香りが、野菜炒めなど炒めものと相性がいい。

また、牛肉を使った料理（牛肉のカルパッチョ、ビーフステーキなど）、タイやヒラメなどの白身魚をひと工夫した料理などは、麦焼酎の香りとよくあう。シュウマイや春巻、ギョウザなど中国料理の点心もおすすめだ。

焼酎があまり得意でなければ、焼酎を料理酒として使ってもいいだろう。レシピに「酒大さじ一」とあると、日本酒だと思ってしまうが、この「酒」を焼酎にかえてみよう。焼酎は、熱を加えることで、アルコールや香りはとんでしまうが、野菜や肉の旨味を引き出し、一味ちがった料理ができあがるはずだ。一度、料理酒として使ってみたい。

もっとお酒がおいしくなる話

みりんは焼酎からつくられる

みりんは、煮物や焼き物の照りや艶《つや》、甘味を出すのに欠かせない和の代表的な調味料である。このみりんは焼酎からつくられている。製造方法は焼酎（またはアルコール）に米麹と蒸したもち米を加えて、20〜30℃に保温した状態で2〜3か月間熟成させる。これを搾《しぼ》ってろ過するのである。こうしてできあがったものが本みりんとなる。

本みりんはアルコール分を13.5〜14.4％含んでいる。高級品になると、3年以上熟成させたものもある。長期熟成すると、丸みと旨味が増すという点は、焼酎とそっくりである。

ちなみに、みりんとよく似ているが、みりん風調味料の場合はアルコール分は1％未満となっている。

●ナスのしぎ焼き

みそのしっかりした味が、少し辛口の麦焼酎と合い、すっきりした味わいになる。

麦焼酎とあうおもな料理

●ビーフステーキ

●シュウマイ

●酢豚

●春巻

●アンチョビのカナッペ

フランスパンにアンチョビをのせ、軽くトーストしたもの。アンチョビのしっかりした味が麦焼酎とあう

●牛肉のカルパッチョ

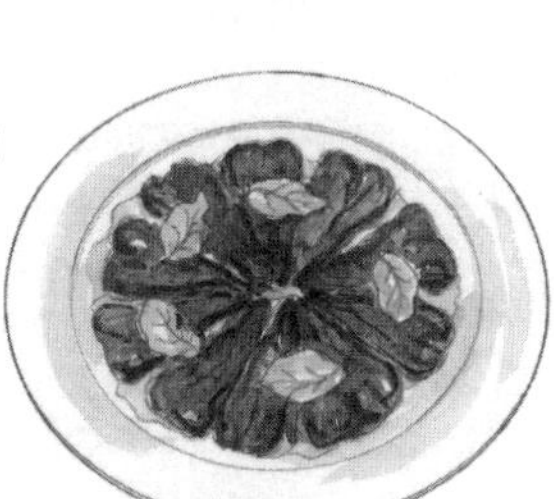

生食用の牛肉を薄切りにし、ルッコラとパルメザンチーズをたっぷりのせ、塩とレモン汁をかけた前菜

豚肉料理と泡盛を一緒に飲みたい

沖縄の泡盛は、芳醇な香りとここちよい刺激のある味で有名だ。そんな泡盛には、辛口の料理や香辛料を使った料理がおすすめだ。生春巻き、チゲ鍋、タイスキなどのエスニックや、麻婆豆腐、エビのチリソースなどコクのある四川風の中国料理にあう。

沖縄の郷土料理には、ラフテーなどの豚肉料理、ゴーヤチャンプルー、豆腐料理などがあるが、もちろん泡盛は、これらにもあう日常酒だ。

また、沖縄の郷土料理によく使われる豚肉との相性は秀逸。スペアリブや豚の角煮、豚の香味揚げなどをつまみに、香り豊かな泡盛を水割りやオン・ザ・ロックで楽しみたい。

もっとお酒がおいしくなる話

焼酎は二日酔いになりにくい？

アルコールを摂取すると、肝臓で水と炭酸ガスに分解されて排泄される。この時、代謝物として「アセトアルデヒド」がつくられる。アセトアルデヒドによって、頭痛や吐き気といった二日酔いの症状が出るのだ。

一般に、日本酒やワインなどの醸造酒には揮発しない成分が多く、これがアセトアルデヒドとの相乗効果で悪酔いを助長させるといわれる。

焼酎は蒸留酒なので不揮発成分が少なく、アルコールの処理能力が低下しないことから酔い覚めがよいという。

また、二日酔いを起こさせるものにはメチルアルコールやフーゼル油もあるが、焼酎はこれらの成分も日本酒やワインに比べてかなり少ない。

こうした点から、焼酎は二日酔いになりにくいといわれているが、実はまだ決定的な証拠はない。要は飲み過ぎないことだ。

●しゃぶしゃぶ

泡盛とあうおもな料理

●スペアリブ

●エビのチリソース煮

●生春巻き

●ラザニア

●ゴーヤチャンプルー

ゴーヤ（にがうり）と豆腐、豚肉を一緒に炒めた沖縄料理

●ラフテー

豚三枚肉を泡盛、しょうゆ、砂糖で煮込んだ沖縄料理

黒糖焼酎と甘いタレの組み合わせがお互いの味をよりひきたたせる

サトウキビからできる黒糖焼酎は、ワインのようなフルーティな香りの焼酎。口当たりもほんのりやわらかく、飲んだあとにさわやかさがひろがる。

そんな黒糖焼酎は、すきやきや焼き鳥（タレ）、肉じゃがなどの甘めの醤油味の料理とあう。また、野菜の持ち味をひきたてるので、たくさんの野菜を煮込んだポトフや、野菜スティックをつまみにするとより一層おいしく飲める。

チーズフォンデュ、カルボナーラスパゲティ、トマトとモッツァレラチーズのサラダなどのイタリア料理との組み合わせも、ワイン感覚でいける。

黒糖焼酎は、食中酒としてだけではなく、その香りと口当たりから、食後酒としても愛飲されている。食事と一緒ならお湯割りで、食後に飲むなら、ロックで飲みたい。

もっとお酒がおいしくなる話

「焼酎」は夏の季語だった

お湯割りで飲むことが多いせいか、焼酎は寒い冬のイメージがある。ところが、俳句の世界では焼酎は夏の季語だ。夏は冷たいビールだろうと思う人もいるだろうが、実はそうではない。昔から、暑い時には冷たい水を飲むより、熱いお茶を飲んだほうが渇きが癒《い》えるといわれていたが、これと同じで、暑い夏にお湯割りの焼酎を飲むことで暑気払いをするのである。

確かに、焼酎の本場である九州南部や沖縄では、夏でもお湯割りの焼酎を飲んでいる。そのほうがスーッと汗がひくのだという。先人の知恵はやはりすぐれていたのだ。

黒糖焼酎とあうおもな料理

●すき焼き

●トマトとモッツァレラチーズのサラダ

モッツァレラチーズは牛乳または水牛乳からつくられたチーズ

●カルボナーラ

ベーコン、生クリーム、卵を使ったクリームタイプのパスタ

●里いもの煮もの

●ポトフ

たくさんの野菜と肉を煮込んだもの。スープとしても楽しめる

●チーズフォンデュ

煮溶かしたチーズにフランスパンをつけて食べるスイス料理

そば焼酎と肉のうま味を味わう

ほのかなそばの香りとやさしい口当たり、多少の苦味とさっぱりした味がそば焼酎の特徴。

そんなそば焼酎は、キャベツと豚肉を辛みそで炒めたホイコーローや、唐辛子のきいたトマト味のペンネアラビアータなど、ぴりっとした辛味のある料理とあわせると、より一層引き立つ。また肉団子や豚肉のしょうが焼きのように、ジューシーな肉の旨味が味わえる料理とも相性がよい。

そば焼酎には、魚介類の独特のにおいを消す作用もある。石狩鍋やカキフライなどと一緒に飲むとおいしく食べることができる。またさっぱりした飲み口も持っているので、シーフードマリネのような料理をつまみに飲むのもいいだろう。

ロックや水割りなど、冷やして飲むとより料理とあっておいしくいただける。

もっとお酒がおいしくなる話

常備酒にするなら焼酎が最適

焼酎は蒸留酒なので、開封してもよほどのことがないかぎり腐る心配がなく、冷暗所で保管しておけば、大きな品質の変化も少ない。ワインではこうはいかない。温度管理が難しく、いったん開けてしまったら、なるべく早く飲んでしまわないと味が変わってしまう。また、ビールのように冷蔵庫で場所をとる心配もない。日本酒のようにいつの間にか酢になっていることもない。

なにより、どんな料理にも合わせやすい。飲み方もお湯割りだけでなく、ロックやストレートなど多彩だ。しかも安価である。常備酒を焼酎に切り替えることをおすすめしたい。

そば焼酎とあうおもな料理

●レバニラ炒め

●カキフライ

●肉団子

●豚肉のしょうが焼き

九州各地で開催される「焼酎まつり」

「焼酎まつり」は、おもに九州各県と沖縄県で、焼酎・泡盛の普及と地域振興の目的で行われる祭りである。酒造組合や地方自治体が中心となって開催される。熊本県の「人吉温泉球《く》磨《ま》焼酎まつり」や鹿児島県の「おはら祭り」、宮崎県の「本格焼酎まつりと健康講和」などがある。

開催の時期は焼酎の仕込みが始まる10〜12月に多い。ぜひ一度訪れてみたい。

粕取り焼酎を飲みながらさっぱり味の鍋ものをつつく

粕取り焼酎は、酒粕から造られた焼酎。以前は、くせの強いものが主流だったが、最近では飲みやすい日本酒のようなうま味の粕取り焼酎も多い。

粕取り焼酎には、やわらかい口当たりの料理や、さっぱりした料理をあわせたい。水炊きや、白身魚をふんだんに使いポン酢でいただく寄せ鍋、だしまき卵や茶わん蒸しなどの卵料理、卯の花や高野豆腐、湯豆腐などの豆腐料理と一緒に、ロックで楽しみたい。

チキンカツなど淡泊な鶏肉を使った料理ともあう。

ごま焼酎を飲む時には、料理にごまをかけたもの、ごまのドレッシング、ごまだれなど、ごまを使った料理がおすすめ。

あとは、自分の好み次第。オリジナルの組み合わせを考えるのもおもしろいだろう。

もっとお酒がおいしくなる話

中華料理とともに親しまれてきた白酒

白酒といっても、おひな祭りに飲むあの白酒のことではない。中国の蒸留酒のことだ。中国酒といえば、日本では紹《しょう》興酒《こうしゅ》が有名だが、中国本土では実は白《パイ》酒《チュウ》のほうが多く飲まれている。白酒はコーリャンに麦や豆でつくった麴《こうじ》を加えて発酵させる。麴は蒸さずに乾燥させて貯蔵し、砕いたものを用いる。

アルコール発酵させるには土中に埋め、できあがった醪《もろみ》を蒸留する。蒸留した後、数か月から数年間貯蔵して、ようやく完成する。無色透明なことから「白酒」と呼ばれ、アルコール度数は53度や43度と高いものが多い。代表的な白酒には貴州省産の「マオタイチュウ」と山西省産の「フンチュウ」がある。

粕取り焼酎、ごま焼酎とあうおもな料理

●ごま焼酎　いんげんのごまあえ

●ごま焼酎
ジェノベーゼスパゲティ

バジルソースのスパゲティ。バジルの香りとごまの香りがぴったり合う

●粕取り焼酎

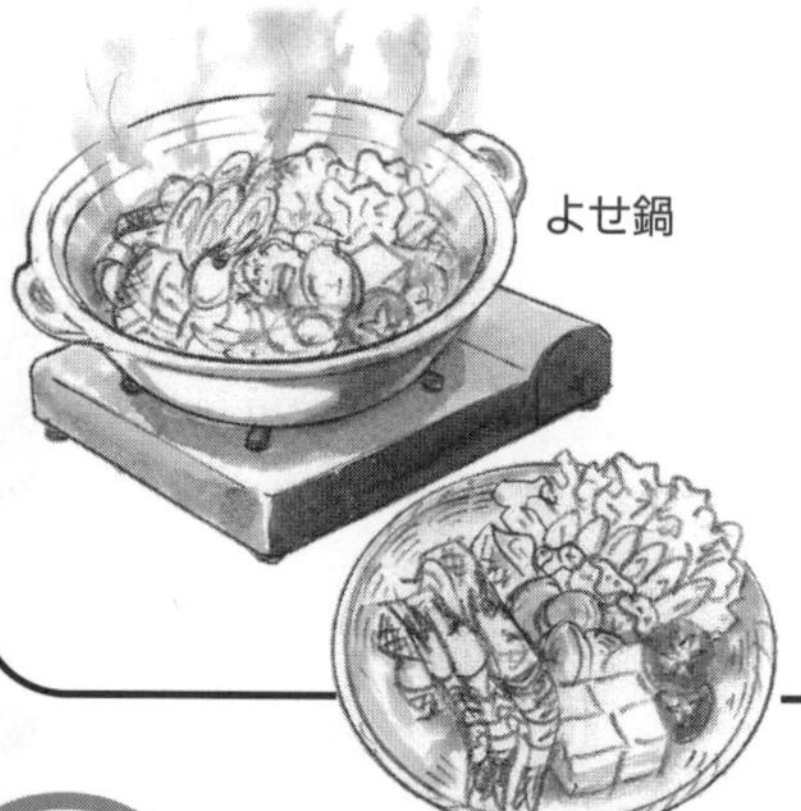

よせ鍋

●粕取り焼酎とあう
そのほかのおもな料理
卯の花、高野豆腐、筑前煮、しいたけの含め煮、水たき
など

もっとお酒がおいしくなる話

ブランデーだけじゃない。焼酎を使用したお菓子もある

お菓子によく用いられる酒類は、香り高いブランデーや色が美しいワインが多い。しかし、焼酎だって負けてはいない。焼酎ブームに便乗し、焼酎を使ったお菓子が増えている。焼酎の本場九州にとくに多く、地元の焼酎をPRするのにも一役買っている。焼酎もなかや焼酎ゼリー、焼酎を使ったバターケーキなど、多種類ある。形も、一升瓶をかたどったもなかなどユニークである。

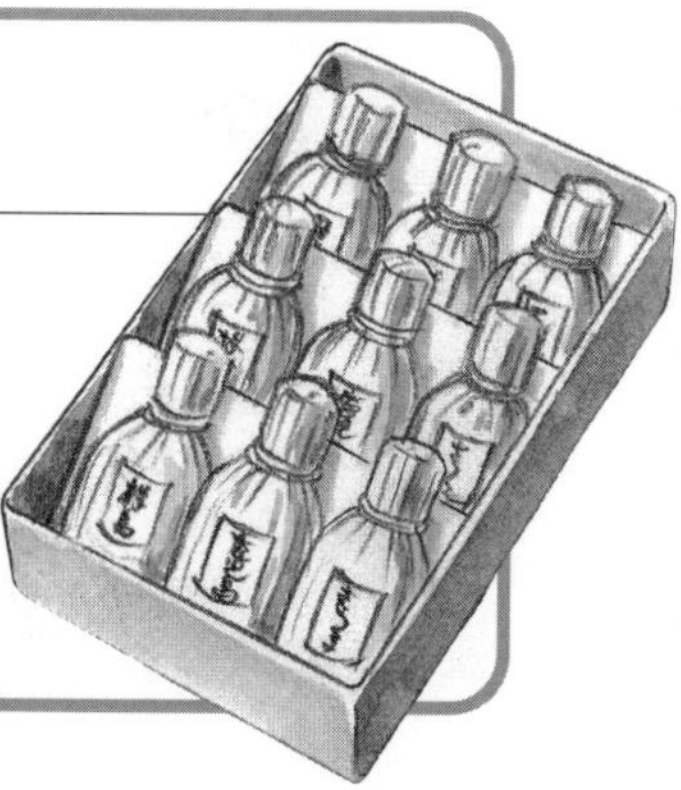

焼酎を愛する人々の心がユニークな酒器を生んだ

おいしく食べ、おいしく飲むために、多くの人がさまざまなこだわりをする。料理を盛り付ける皿をこだわって選んで使う人もいれば、場所の雰囲気にこだわりを持つ人もいる。

昔から焼酎に慣れ親しんできた焼酎生産圏である九州・沖縄地方では、焼酎の味を追求するだけでなく、より美味しく味わえるような酒器をつくり出すことにも力を注いできた。

独創的な酒器に触れると、その土地ならではの焼酎文化を感じずにはいられない。たとえば、南九州では円錐《えんすい》形の猪口《ちょこ》がたくさん見られる。これを「ソラキュウ」というが、その名の由来は「そらっ、きゅーっと飲め！」の意味で名付けられたというからおもしろい。卓に置くと、倒れて酒がこぼれてしまう構造である。飲み干さない限り、卓には置けない。そこから、別名「飲んべえ杯」とも呼ばれる。

酒器は、ただ単に飾りとしての効果だけではなく、焼酎を用いて酒席を盛り上げようという、遊び心も備えているのだ。

焼酎製造業者が制定した？「本格焼酎の日」

１年のほぼ毎日が何かの記念日になっている。11月１日とて例外ではない。「本格焼酎の日」なのだ。この日の前後に、その年に仕込みを始めた焼酎の新酒ができあがる。焼酎製造業者は、「いい月いい日」と読めるこの日を縁起がよいと考え、昭和62（1987）年、「本格焼酎の日」に制定した。

ちなみに、同じ日が沖縄では「泡盛の日」として、親しまれている。

泡盛の楽しみ方の数だけ酒器がある

●嘉瓶（ユシビン）
琉球王朝時代、上流階級の人々の間で祝い事の際に、この瓶に泡盛を詰めて贈る風習があった。瓶は贈った人に返される。家紋をつけたものもある。「ゆし」は、「かりゆし」というめでたいことを意味する沖縄の言葉からきている。

●角瓶（カクビン）
見た目の角張った形からこう呼ばれるようになった。酒の席で使われる酒器だが、カラカラ（40頁参照）よりも容量が大きいので、大人数で行う宴会時に用いられる。

●鬼腕（ウニヌティー）
泡盛が量り売りされていた琉球王朝時代、この器を携えて泡盛を買いに行っていた。輸出の際にも用いられ、海賊などに遭遇すると、この器を投げて対抗したことからこの名前がついたといわれる。

●抱瓶（ダチビン）
琉球王朝時代の豪農がよく使っていた携帯用の酒器。上から見ると、三日月型をしている。泡盛を入れて肩から紐で吊るすと、腰部分にフィットする形になっているので、「腰瓶（かまくびん）」とも呼ばれる。

●琉球ガラス
色鮮やかな器で人気が高まり、グラスだけでなく徳利やカラカラ（40頁参照）など、さまざまな酒器がつくられるようになった。

各地で焼酎とともにいろいろな酒器が生み出された

●カラカラ（沖縄・鹿児島）

沖縄の酒好きなお坊さんが、鏡餅のように、倒れることのない徳利をつくりたいと、考案したものといわれている。思いのほか評判が良く、あちこちから「貸せ貸せ（カラカラ）」と声がかかったことから、この名前がついたという説がある。これが九州へと伝わり、鹿児島では沖縄と同様の形に、熊本ではガラという酒器に変形していった。耐熱性が低いため、火にかけると割れてしまうので注意。

●鳩徳利（宮崎）

宮崎では、昔から日向チロリと呼ばれる清酒用の酒器を囲炉裏に差して、清酒を温めてきた。この酒器は、その日向チロリに倣って焼酎用につくられた。八丈島でも、同様の徳利が用いられている。

●黒ジョカ（鹿児島）

約400年の歴史を持つ薩摩焼の伝統工芸の中で誕生した。鹿児島の代表的な酒器。黒ジョカは洗剤で洗ったりせず、飲んだ後もそのままの状態で保管するのがよい。使いこめば使いこむほど、本格焼酎の持つ独特の旨味がにじみ出てくる。

●ガラ（熊本）

球磨地方で用いられているガラは、沖縄や鹿児島のカラカラと同じルーツ。磁器でつくられた酒器なので、直火にかけることができる。

●ソラキュウ（熊本）

脚がないので、テーブルに置くと注いだ酒がこぼれてしまう構造である。また、底に穴の開いたタイプのものもある。これは手で穴を押さえ、飲み干さなければテーブルに置くことができない。酒好きな人間の遊び心が生んだ酒器といえる。

●チョク（熊本）

形がイノシシの口に似ているので「猪口（チョク）」と呼ばれるようになった。

●目盛り付きコップ・薩摩わりわり徳利（鹿児島）

目盛り付きコップは、鹿児島で焼酎のお湯割りを楽しむ際には欠かせないアイテム。焼酎とお湯の７：３、６：４、５：５の割合の目安が分かるように、コップの表面に目盛りが表示されている。

薩摩わりわり徳利は、徳利の中に仕切りがつくられ、それぞれに焼酎とお湯を注げばお湯割りができるというユニークな酒器。

焼酎界に
大旋風をまき起こした

アメリカの白色革命が焼酎の消費を増やした

新式蒸留機の登場で焼酎ブームが到来

近年の焼酎ブームは本格焼酎が主体となっているが、過去にも数回、焼酎ブームがあった。当時の主役は甲類焼酎である。

昭和二〇年代に第一回目の黄金期を迎えたが、その後洋酒ブームに押される時代が長く続いた。

やがて二度目の黄金期が訪れた。その時火付け役となったのが宝酒造の「純」という銘柄である。

これをきっかけに酎ハイブームが生まれ、庶民の間に深く根づいていった。

ところで、甲類焼酎のブレイクにはアメリカで起こった「白色革命」が影響している。

それまでアメリカではバーボンのシェアが圧倒的に多かったのだが、七〇年代に入って、ロシアの代表的な蒸留酒ウオッカの消費量が増大した。

バーボンを中心とするブラウン・ハードリカーから、ウオッカという無色透明の蒸留酒、ホワイト・スピリッツへと時代が変遷したのだ。

これが白色革命である。

アメリカ社会で脚光を浴びたウオッカ

アメリカで白色革命が起こったのは、ウオッカが無臭で無色透明の蒸留酒であったことが最大の要因である。

ウオッカはストレートでも飲めるが、ジュースで割ったり、カクテルにして

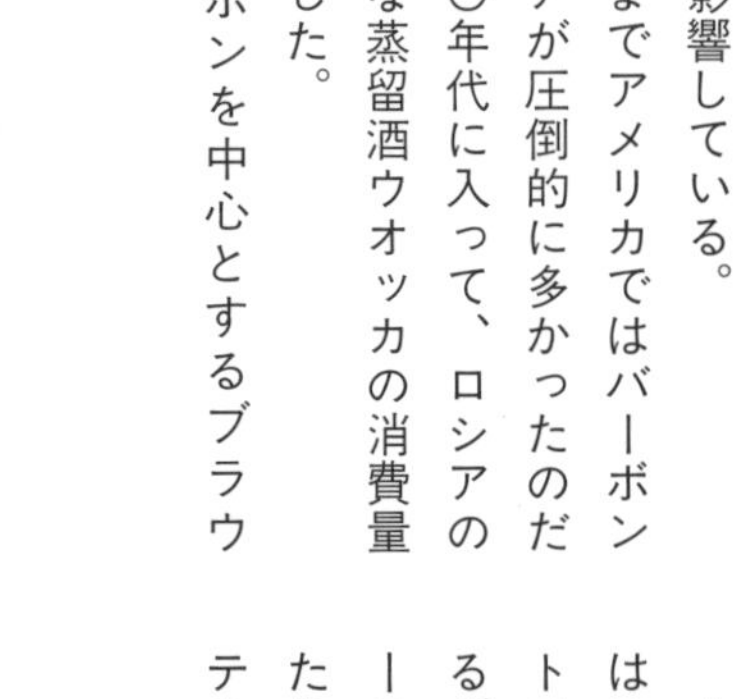

パーティーでは飲み方の自由なウオッカが活躍した。

味わうなどさまざまな楽しみ方ができる。これがアメリカの若者や女性にうけた。自分の好みで酒の味を変えることができる、バーボンなどにはない、新しい酒の飲み方だったからだ。

　また、当時はパーティーがブームだった。パーティー会場で飲まれたウオッカは、アメリカ社会に広く浸透し、楽しまれるようになった。

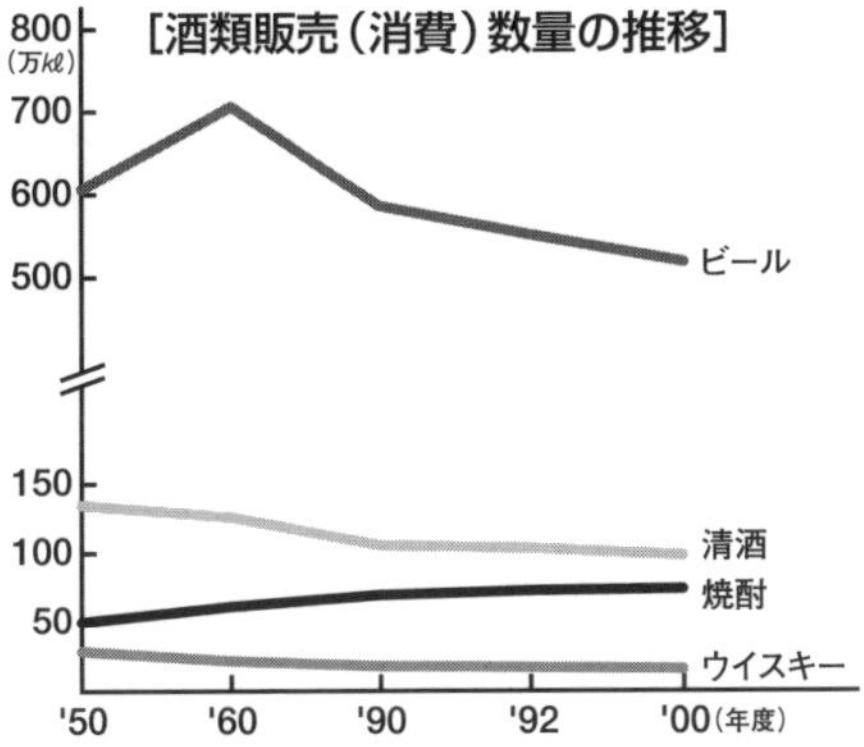

（注）1.「国税庁統計年報書」による。
　　　2.「酒類販売（消費）数量」とは、酒類小売業者の販売量のほか、酒類製造者及び酒類卸売業者の消費者への直売数量を含めた数量をさす。

白色革命に便乗した甲類焼酎

　アメリカで起こった白色革命は、甲類焼酎のあり方を決定づけた。ウオッカと同じく、無臭で無色透明の蒸留酒という特徴をアピールすることにより、白色の甲類焼酎は人気を得たのだ。

　酎ハイは、ウオッカをジュースで割るのと同じ発想である。そして、白色革命の名にあやかって、甲類焼酎は「ホワイトリカー」と呼ばれるようになった。

遅れてやってきた「本格」焼酎ブーム

　一方、乙類焼酎は独特の匂いを持つため、「ホワイトリカー」と名乗ることを許されなかった。

　そこで、乙類の良さをアピールするために考え出されたのが「本格焼酎」という呼び名だ。伝統的な製法で、原料の風味を色濃く残した酒であることを訴えるにはぴったりだった。

　やがて、原料の処理方法や蒸留技術の向上など製造元の努力が認められ、昭和六〇年以降、消費量が増え始めた。現在では、本格焼酎だけが酒類のなかで消費を伸ばし続けている。その良さが認められるようになったのである。

味だけではない。焼酎は姿かたちにもこだわる

焼酎のボトルは年々進化している。おなじみの一升瓶だけでなく、さまざまなボトルが登場している。まず、四合、二合といった小さめのボトルは、お土産用に適しているとともに、お試しサイズとしての役割もある。

デザインも多種多様だ。昔ながらの壺《つぼ》や甕《かめ》にこだわるものがある一方、ワインや洋酒のボトルのようにスタイリッシュなものもある。カラーボトルも増え、無色透明の焼酎をカラフルに彩っている。

こうした傾向の発端は、二階堂酒造の「吉四六《きっちょむ》」の土産用ボトルが最初といわれているが、さだかではない。中身はもちろん、姿かたちでも主張する焼酎が増えているのは、ファンにとって新たな楽しみでもある。

陶器でできたひょうたん型のボトルの米焼酎「秘蔵酒げってん」（大分・旭酒造㈱）。中身のうまさはもちろんだが、ボトルのユニークさでも注目される。飲み終えても捨てるのが惜しくなるほどだ。

沖縄の泡盛には、クバという植物の葉でボトルを包むクバ巻き（国泉泡盛「どなん」）や、古酒を熟成させる甕にシュロの葉で巻くシュロ巻き（菊之露酒造「菊之露３升壺古酒」）など、独特のスタイルがある。装飾的な意味とともに、ボトルや甕の破損を防ぐのが目的である。

第二章

日本各地の名酒をたずねる

焼酎は全国区の酒

日本の蒸留酒を代表する焼酎。生産地は国内ほぼ全域に

焼酎・泡盛は日本酒と並び、古くより人々に飲み親しまれてきた。日本酒の蔵元は約二四〇〇軒、焼酎・泡盛の製造元は約一〇〇〇軒と、その半分にも満たない。それでも四七都道府県すべてに製造元があることから、焼酎は地域に根づいた酒であるといえる。

焼酎の最大の特徴は、地域によって原料が異なる点だ。米、さつまいも、麦のほか、そばやじゃがいも、黒糖、酒粕など、原料に特色があり、それぞれが焼酎の強烈な個性となっている。地域で豊富に収穫される産物から生まれた酒、それが焼酎なのである。

歴史的には、沖縄や奄美諸島で一四世紀頃、焼酎・泡盛が飲まれていたようだ。これは伝来ルートに関係する（コラム参照）。なお、焼酎は、中国の蒸留酒「白酒《パイチュウ》」や韓国の蒸留酒「ソジュ」を語源とし、「焼」は加熱（蒸留）する、「酎」には濃い酒という意味がある。

「焼酎」の伝来ルートには3説ある

日本に焼酎がもたらされたルートには3つの説がある。ひとつは1404年、朝鮮大宗から長崎の対馬《つしま》領主に、朝鮮産の高麗酒《こうらいしゅ》という焼酎が送られたとされる朝鮮半島経路説。ふたつ目は14～15世紀に倭寇《わこう》（武装した商船団）が南洋海上に進出した際に、焼酎が取り引きされたという南海諸国経路説。

最も有力視されているのが、15世紀ごろ、琉球（沖縄）と頻繁に貿易を行っていたシャム国（タイ）から伝えられたという琉球経路説である。

ところが近年になって、琉球のほぼ対岸にあたる中国福建省から伝わったのではないかという説も浮上している。

現在発売されている焼酎のおもな原料

北海道・東北地方	
北海道	米，麦，そば，とうもろこし 牛乳，じゃがいも かぼちゃ，しそ，燕麦
青森県	米
秋田県	米
岩手県	米，そば
山形県	米，酒粕
宮城県	麦，酒粕
福島県	米，酒粕
関東地方	
茨城県	米，酒粕，そば，長いも
栃木県	米，酒粕
群馬県	米，麦
千葉県	米，酒粕，麦
埼玉県	米，酒粕，とうもろこし，コウリャン
東京都	大麦，さつまいも，じゃがいも しそ，昆布
神奈川県	酒粕
中部地方	
山梨県	米，麦，酒粕
長野県	米，麦，そば，かけゆ，クマ笹 トマト，高麗人参，きび
岐阜県	米，麦，酒粕，山いも
新潟県	米，やわらぎ
富山県	米，酒粕
石川県	麦
福井県	米，酒粕
静岡県	麦，酒粕
愛知県	米，麦，山いも，人参 蓮根，ゴマ

近畿地方	
三重県	米，麦，とうもろこし
滋賀県	米
京都府	米，麦
大阪府	麦
奈良県	米
兵庫県	米，麦，酒粕，そば，栗
和歌山県	米
中国地方	
鳥取県	米，麦，酒粕
岡山県	米，麦，そば，鳩麦，きび，かぼちゃ
広島県	米，麦，酒粕
山口県	米
島根県	米，麦，酒粕，そば，海藻
四国地方	
徳島県	米，麦，酒粕，栗，あまちゃづる
高知県	米，麦，そば，栗
香川県	米
愛媛県	米，麦，酒粕，そば，栗，人参，鳩麦，椎茸
九州・沖縄地方	
福岡県	米，麦，酒粕，そば，海苔，人参，鳩麦 かぼちゃ，葛，ゴマ，焙煎麦，とうもろこし
佐賀県	米，麦，酒粕，菱
長崎県	米，麦，酒粕，そば，じゃがいも
熊本県	米，麦，そば，とうもろこし，きび なつめやし，ぎんなん
大分県	米，麦，酒粕，そば，ぎんなん，サフラン
宮崎県	さつまいも，米，麦，そば，かぼちゃ，よもぎ 寿いも，山いも，じゃがいも，ゴマ，玄米 とうもろこし，コウリャン，やし，栗
鹿児島県	さつまいも，米，麦，そば，デーツ とうもろこし，えのき茸，昆布，鳩麦，黒糖
沖縄県	米

いも焼酎がフルーティで飲みやすくなった

鹿児島の焼酎といえば、もちろんいも焼酎である。現在、鹿児島にある蔵元は約百軒。そのほとんどがいも焼酎を造っている。

原料のさつまいもはその名の通り、薩摩（昔の九州南部の国の名称。現在の鹿児島の西半分と宮崎県南部）の特産品である。だが実は、鹿児島は初めからさつまいもで焼酎を造っていたわけではない。

それ以前の焼酎は米や麦、粟やキビなどが原料に用いられていた。

一方、年貢として納めなければならない米はかなりの貴重品。しかも、鹿児島特有のシラス台地[*1]での米の栽培は容易ではない。

そこで、十七世紀初めに中国から日本に伝えられ、十八世紀初めから本格的に栽培が始まったさつまいもを使って、焼酎造りが始まったのである。

以前のいも焼酎は、その独特の香りが特徴とされてい

＊1 シラス台地
桜島の噴火によって堆積した火山灰からなる土壌。やせた地質で米作には適していなかった。しかし、さつまいもはこのシラス台地でもよく育つため生産量も高く、普及した。

鹿児島で「酒」といえば……

鹿児島県内では「酒」といえば、焼酎を指す。居酒屋で「酒をくれ」と言えば、焼酎が出てくる。祝い事で一升瓶を届ける時も、もちろん焼酎である。宴会でも結婚式でも、最初の乾杯こそビールだが、その後は当然、焼酎しか出てこない。県外からの招待客は、たいていそのことにびっくりする。鹿児島の人にとって焼酎こそが酒なのである。

ちなみに、鹿児島には現在日本酒の製造元は１軒もない。熊本県では日本酒の銘酒もあるというのに、鹿児島では焼酎しか造っていないのである。

た。そのため今でも、「いも焼酎のあの独特の香りが苦手なんだ」という人は多い。だが地元の人たちや焼酎を飲み慣れた人にとっては、あのにおいがなければいも焼酎ではない、という。慣れてくると、あの独特の香りがくせになってくるのだ。

その一方で、独特のにおいを和らげる研究がされてきた。研究に研究を重ね、蒸留方法（一〇六頁参照）や貯蔵方法などを工夫することで、香りがやわらかく、原料のさつまいもの香りがかすかに残る、フルーティで飲みやすいいも焼酎が誕生した。

最近の本格焼酎ブームの一端を担っているのは、この飲みやすくなったいも焼酎なのである。

シェリー酒やワインを貯蔵していた樽《たる》や樫《かし》樽を利用して保存することで、樽についている香りやかすかな色が焼酎にうつり、なんともいえない香りを醸し出す。

銘柄によっては、いも焼酎と分からないほどに芳醇な香りのものもあるほどだ。

最近ではボトルに、貯蔵方法や蒸留方法をわざわざ明記している銘柄も多い。

また、毎年秋口になると、その年に造られた新酒「焼酎ヌーボー」が、多くの蔵元から発売される。ういういしい味と香りを楽しみたい。

もっとお酒がおいしくなる話

焼酎がほとんど飲めなかった西郷隆盛

明治政府が誕生したころ、焼酎造りに欠かせない麹の製造販売が免許制になり、勝手に麹がつくれなくなった。困った焼酎の製造元は、西郷隆盛に泣きついた。話を聞いた西郷は免許制をやめるよう、役人に手紙を書く。受け取った役人も西郷の頼みを断れず、麹の専売制度は撤廃されたという。

西郷隆盛は大酒豪だと思われがちだが、実は、あの体格や風貌に似合わず、酒はほとんど飲めなかったらしい。

鹿児島の焼酎②

麦焼酎は鹿児島が全国生産量第一位

近年、鹿児島では麦焼酎の製造元が増えている。実は麦焼酎の生産量は本場の大分を抜き、鹿児島が全国第一位なのである。なぜかといえば、麦焼酎の需要が多いためだ。ただし、その多くは、未納税[*1]のままほかの製造元へ桶売りにされることが多い。いも焼酎の伝統文化を守っている反面、さつまいものない時期は麦焼酎の製造を行っているのが現状である。

とはいえ、一日の仕事を終え、晩酌を楽しむ習慣は全国共通だ。仕事の後の一杯はリラックス効果が高く、ストレス解消にはもってこい。鹿児島の方言では晩酌のことを「ダレヤメ」または「ダイヤメ」という。「ダレ」はだるい、疲れ、「ヤメ」は止めるという意味。つまり、焼酎を飲むことで仕事の疲れを癒《いや》し、明日また元気に働く活力を得るのである。

仕事のあとの一杯のビールを楽しみにしているのと同じで、鹿児島の人は焼酎を楽しみにしている。夕飯のおかずをつまみに、お湯割りにした焼酎を飲むのである。

＊1 未納税
酒税は製品として出荷される時に出荷場所で課税される。製造元の間の移動では課税されない。それを未納税という。

酒席での遊戯「なんこ」の迫力は格闘技並み！

鹿児島では宴会などを盛り上げる「なんこ」という遊びがある。10センチほどの細長い角材を３本ずつ持ち、それぞれが手のひらで数本を隠し持って、自分と相手が持っている本数との合計を当てる。

１対１で、なんこ盆を間に向かい合い、互いに大声で本数を当てあう。負けると焼酎を飲まされるが、勝っても「花」と称して飲まされる。どちらにしろ、ベロベロに酔っ払ってしまうのである。

鹿児島のおもな焼酎と酒造メーカー

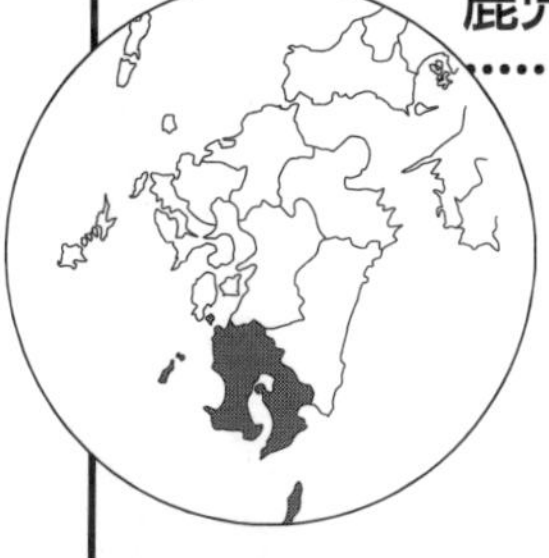

❶㈾甲斐商店「伊佐美」
蔵唯一の銘柄「伊佐美」は、黒麹(102頁参照)とさつまいもで仕込んだ甘くコクのあるいも焼酎。少量生産のため、手に入りにくい。

❷佐藤酒造㈲「佐藤　黒」
いも焼酎「佐藤　黒」は焼酎通に定評がある。黒麹(102頁参照)を使い、しっかりした甘味がある。

❸岩川醸造㈱
「ハイカラさんの焼酎」

いも焼酎で、初心者に飲みやすいタイプ。すっきりした味わいでいろいろな飲み方が楽しめる。

❿村尾酒造㈾「村尾」
いも焼酎の逸品とも呼ばれる「村尾」は、たった一人の杜氏によって造られているため、幻の酒と呼ばれ、なかなか手に入りにくい。

❾西酒造㈱「富乃宝山」
「富乃宝山」「天使の誘惑」など、数々の話題になるいも焼酎を生み出す。黄麹(102頁参照)で仕込むため、フルーティな香りが特徴。

❽本坊酒造㈱
「石の蔵から」

いもの甘さを満喫したい時は「石の蔵から」がおすすめ。ロックで楽しむとよい。

❼㈲森伊蔵酒造
「森伊蔵」

日本航空のファーストクラスに常備されたことで全国的に広まったいも焼酎。幻の酒のひとつといわれる。

❻白玉醸造㈱「魔王」
いも焼酎「魔王」の柑橘系のフルーティな香りは、従来のいも焼酎特有のくせを感じさせないすっきりした味で、初心者におすすめ。

❺塩田酒造㈱「百合」
辛口のいも焼酎。くせになりそうなマイルドな舌触りが特徴。

❹三岳《みたけ》酒造㈱「三岳」
屋久島の天然の水で仕込んで造られた「三岳」はすっきりした味。鹿児島ではポピュラーないも焼酎として親しまれている。

米本来のうまさがひきたつ

球磨《くま》焼酎の蔵元は、現在三十七ある。球磨焼酎も、鹿児島のいも焼酎同様に、独特の香りで有名な米焼酎である。地元の人たちには根強い人気があり、このにおいこそが球磨焼酎だとする人も大勢いる。

現在は、より多くの人たちに飲んでもらいたいということから、米の品質を上げ、蒸留方法を変えた結果、甘味を抑え、やわらかな香りで、米本来の旨味がある焼酎が数多く出回っている。

球磨焼酎の故郷、球磨盆地は米どころである。球磨川の急流が流れ込み、その伏流水《ふくりゅうすい》が土地を豊かに潤す。肥沃《ひよく》な大地と水が、うまい米づくりに適している。

江戸時代、このあたりには多くの隠し田があったといわれている。そこで収穫される豊富な米を利用して焼酎が造られていた。焼酎を売ることで財政的に潤うだけでなく、米のまま保存するよりも、蒸留酒の焼酎なら長期間貯蔵できるというメリットがあったからだ。

焼酎の蒸留技術が伝来して以来、この地では球磨焼酎という特別な焼酎

閉鎖的な地形が球磨焼酎の伝統を守った

球磨盆地は周囲を険しい山々に囲まれ、さらに球磨川の急流に阻まれて人馬が容易に行き来できる場所ではなかった。こうした地形が焼酎造りにも反映された。

よそからの文化や技術が入ってくることが少なく、技術がほかへ伝播《でんぱ》されることもない隔絶された地域だった。

そのため、独自の技術を培うことになり、それが球磨焼酎というブランドを築き、そして守ることにも役立ったのである。

を造り出す土壌がしっかりとつくられたのである。そしてその焼酎造りの伝統は、今も厳然と続いている。

熊本で造られる焼酎は、すべて球磨焼酎というわけではない。米焼酎は熊本県内はもとより、全国各地で造られている。

しかし「球磨焼酎」と表示できるのは、米麹《こうじ》と米一〇〇パーセントの原料で、球磨郡か人吉《ひとよし》市の地下水を使用し、球磨で造られたものでなくてはならない。

これは平成七年に「地理的表示」の産地指定を受けたことによって定められている。

球磨焼酎は一つのオリジナルブランドとして認められ、ほかの米焼酎とは一線を画しているのだ。

そのため、その焼酎の造り方にこだわりをもつ蔵元が多い。

ほかの焼酎が勝手にその表示を使ったり、「球磨焼酎風」や「球磨焼酎型」のような類似表示をすることも許されない。

もっとお酒がおいしくなる話

地名を表示できるのは限られた酒の特権

フランスのボルドー（ワイン）、フランス・コニャック地方のコニャック（ブランデー）、シャンパーニュ地方のシャンパン（発泡性ワイン）、スコットランド産のスコッチ（ウイスキー）……。これらはいずれも世界的にその名を知られた銘酒だが、さらにその特権として「地理的表示」が許可されているものである。

「地理的表示」とは、その酒類の品質や評判等が、地理的原産地に起因するものと考えられる場合、その原産地の表示を認めるもので、世界貿易機関加盟国で義務づけられたものである。つまり、これらの産地を表示するには、決められた産地で、決められた製法で造られたものでなければ使用してはいけない、ということ。

これを受けて、日本国内でも基準を設け、適用されることになった。その結果、平成7年より、焼酎乙類の産地について、壱岐焼酎の「壱岐」と球磨焼酎の「球磨」、琉球泡盛の「琉球」の3つについて地理的表示をすることが認められた。産地の各酒造メーカーでは、伝統とブランドを守るためにさらなる努力が積み重ねられている。

熊本の焼酎②

球磨焼酎はアルコール度数が高い

球《く》磨《ま》焼酎に限ったことではないが、焼酎のもつ独特のにおいやくせは、焼酎を飲み慣れていない人々にとって、とっつきにくい面がある。そのため近年では、飲みやすい焼酎を造る方法として、それまでの常圧蒸留法から、減圧蒸留法を採用する製造元も増えつつある（一〇八頁参照）。

減圧蒸留にすると、原料独特の味は薄くなるが、すっきりとした軽い飲み口の飲みやすい焼酎ができあがる。現に、他県の焼酎の製造元では、減圧蒸留にしたことで売り上げを伸ばしたものもある。球磨焼酎にもこうした時代の流れが訪れたのである。しかし、一方で、常圧蒸留法で長期貯蔵による球磨焼酎の味を守り続けている製造元もある。

球磨焼酎はアルコール度数が三五度で販売され、地元では、それをロックかストレートで飲んでいる。地元流の飲み方でも、ぜひ味わってみたい（一六頁参照）。

もっとお酒がおいしくなる話

日本で最初の焼酎はいも焼酎？米焼酎？

鹿児島県大口市の八幡神社の解体修理の際に、柱の落書きが発見された。書かれたのは永禄元（1558）年の8月。内容は、施工主がひどくケチな人で、大工らに一度も焼酎の振る舞いをしてくれなかったというものだ。

やはり焼酎を日本で最初に造ったのは薩摩で、いも焼酎ということになる。ところが、この時さつまいもはまだ栽培が始まっていない。さらに大口市は熊本県との県境にあり、当時は相良氏の勢力下にあったとされる。そのため、落書きにあった焼酎は、米焼酎だと考えるのが正解のようである。

熊本のおもな焼酎と酒造メーカー

「吟香 鳥飼」

「完がこい」

❶㈾鳥飼酒造場「吟香 鳥飼」
吟醸の香りが豊かな「吟香 鳥飼」は、クラッシュアイスに注いで飲むと、透明感のある味が楽しめる。芸術的なラベルの文字は社長のお手製。

❷㈾寿福酒造場
「武者返し」

球磨地方では唯一の女性杜氏の蔵。アルコール度数が高いわりにまろやかな味の「武者返し」は、原料である米の風味が存分に感じられる。

❸高橋酒造㈱
「白岳」

減圧蒸留（108頁参照）により、口当たりのよい、すっきりした味の球磨焼酎。

❹㈴豊永酒造「完がこい」
貯蔵にシェリー樽を用い、3年から6年貯蔵している。甘い香りなので、米の強い香りが苦手な人にもおすすめ。

❺㈲林酒造場「極楽」
香ばしく、甘味を引き出しながらも、しっかりした味の球磨焼酎。

❻木下醸造所「文蔵」
「多良木の文蔵じい」と民謡でも謡われている初代の杜氏の名を銘柄にした米焼酎「文蔵」は、すべて手作業で造られ、コクのある味をしている。

❼㈾宮元酒造場「九代目」
上品ですっきりした味が特徴の「九代目」は、木樽蒸留（111頁参照）で、ソフトな口当たりが楽しめる。

❽㈾深野酒造本店「刻《とき》の封印」
常圧蒸留（110頁参照）を行った球磨焼酎ならではの、しっかりしたコクのある味わい。ロックや水割りで飲むと、香りが引き立つ。

大分の焼酎

麦焼酎は麦麹を使用。製法を工夫し、すっきり飲みやすく

九州北部に位置する大分県は、九州では福岡県に次いで清酒造りが盛んだった。焼酎造りも行われていたが、多くは清酒蔵の酒粕から造る「粕取り焼酎」であった。

ところが、そんな大分県の焼酎が一変した。一九七四年、麦麹《こうじ》の開発に成功し、原料にも麦を使った一〇〇パーセント麦焼酎が登場した。「二階堂」である。さらに、その五年後に「いいちこ」が登場する。この二つの麦焼酎は、減圧蒸留を用い、精製ろ過したことによって、すっきりとした飲み口が特徴である。

しかし、この製法は一歩間違えると、あまりにもピュアでクリーンに仕上がってしまい、甲類焼酎との区別がつかなくなりかねない。

そのため、大分の麦焼酎は一次仕込みの際の麦麹による醪《もろみ》づくりが重要なカギとなっている。このハードルを乗り越えたことが、大分の麦焼酎の軽やかなうまさを生み出したといえる。

同じ蒸留酒であるウイスキーと麦焼酎は何が違う？

ウイスキーと麦焼酎、どちらも蒸留酒で、しかも原料も同じ麦。この2つは同じもののように思えるが、その違いはどこにあるのだろう。

いちばんの違いは発酵させる材料にある。ウイスキーは大麦麦芽《ばくが》を使用し、麦焼酎は麹で糖化発酵させる。酒税法上でも麦芽を使用するかどうかが区別の対象となっている。

また、発酵期間も、ウイスキーは3日間に対し、麦焼酎は3週間にわたり長期間発酵させる。そのほか、焼酎は原材料を全部発酵させるのに対し、ウイスキーはろ過した上澄みだけを発酵させるなど、製造過程の各段階で違いがある。

大分のおもな焼酎と酒造メーカー

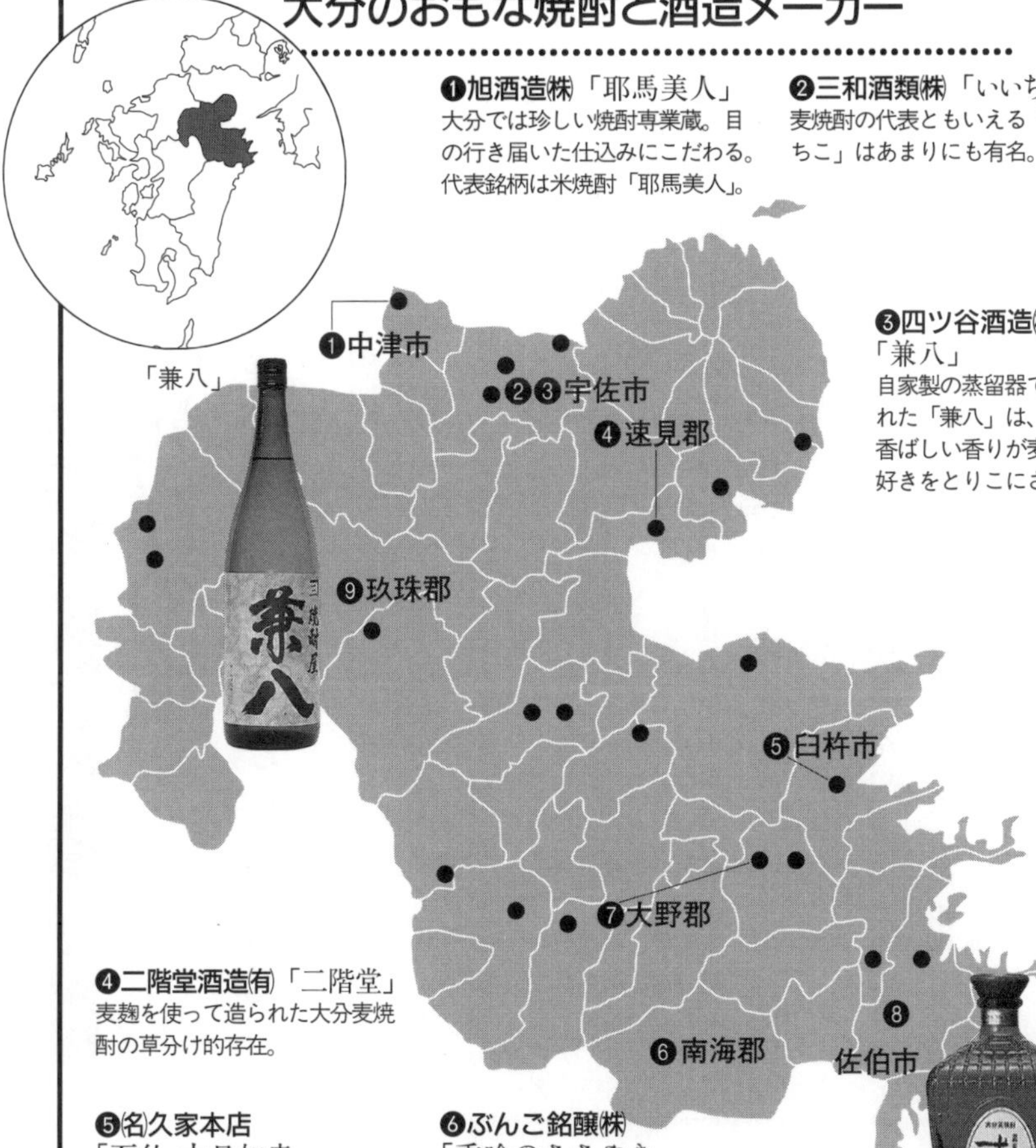

①旭酒造㈱「耶馬美人」
大分では珍しい焼酎専業蔵。目の行き届いた仕込みにこだわる。代表銘柄は米焼酎「耶馬美人」。

②三和酒類㈱「いいちこ」
麦焼酎の代表ともいえる「いいちこ」はあまりにも有名。

③四ツ谷酒造㈱
「兼八」

自家製の蒸留器で造られた「兼八」は、麦の香ばしい香りが麦焼酎好きをとりこにさせる。

④二階堂酒造㈲「二階堂」
麦麹を使って造られた大分麦焼酎の草分け的存在。

⑤㈴久家本店
「石仏 大日如来」

如来の甕の顔に詰められた麦焼酎「石仏 大日如来」は、一度見たら忘れられないほど強烈なパッケージ。減圧蒸留（108頁参照）により、やわらかい味になっている。

⑥ぶんご銘醸㈱
「香吟のささやき」

麦を低温発酵させており、フルーティな味が特徴。包装紙や紐で巻かれたボトルにも、蔵のこだわりが感じられる。

⑦藤居醸造㈾「舞香」
お湯割りを楽しみたいなら麦焼酎「舞香」がおすすめ。香ばしい麦の香りがする。

⑧小野酒造㈱「由布岳」
常圧蒸留（110頁参照）と減圧蒸留（108頁参照）をブレンドして造られている。ソフトな味わいは麦焼酎の初心者向き。

⑨八鹿酒造㈱
「銀座のすずめ」

バーボンウイスキーの樽で貯蔵した麦焼酎「銀座のすずめ」は、食中酒に最適。

長崎の焼酎

壱岐は麦焼酎発祥の地 島内の水がうまさをひきたてる

壱岐は長崎の北側にある周囲一三九キロメートルの小さな島。本州より中国大陸に近かったため、焼酎も早くから伝えられたと考えられている。壱岐は気候が温暖で、米づくりに適しているが、米は年貢として納められていたため、昔から麦を主食としてきた。

その麦で焼酎造りも行われてきた。江戸時代にはすでに自家製で焼酎が造られていたという。

ほかの地域の麦焼酎とは比較にならないほど歴史が古い壱岐焼酎は、その伝統が認められ、一九九五年、球磨《くま》焼酎や琉球《りゅうきゅう》泡盛と同じく、「地理的表示」（五三頁参照）が認められる産地指定を受けた。

壱岐焼酎は、原材料の米麹と麦を一対二の割合で用い、島内の水で仕込みをして蒸留する。この製法を厳格に守ったものだけが、壱岐焼酎と名乗ることができる。

すっきりと辛口の味わいを持つ壱岐の麦焼酎。夏は水割りで冬はお湯割りで味わいたい。

もっとお酒がおいしくなる話

訪れた人々をとりこにさせる 壱岐の魅力とは

壱岐は九州の中でもリピーターが数多く訪れる観光地でもある。島に残る歴史的な遺跡や史跡もさることながら、玄界灘の美しい海とそこで獲《と》れるおいしい海産物、壱岐牛などグルメの数々が人々を魅了する。

穏やかで暖かい島の人々の人情に触れ、感激する都会人も多いという。そんな魅力あふれる産地で壱岐焼酎を味わってみたいものである。

長崎のおもな焼酎と酒造メーカー

❶重家酒造㈴「ちんぐ」
壱岐の言葉で仲間という意味を表す麦焼酎「ちんぐ」は、やわらかく、コクのある味わい。ロックで楽しみたい。

❷㈲山乃守酒造場
「山乃守」

壱岐でいちばん古い蔵で、すべて手づくりで行う。タンクでなく甕で仕込まれた麦焼酎「山乃守」はまろやかな味をしている。

❸玄海酒造㈱
「スーパーゴールド33」

アルコール度数33度、壱岐の緯度、そして蔵の創業年にちなんでつけられた麦焼酎。マイルドな味わいで、ロックで飲むのがおすすめ。

❹福田酒造㈱
「じゃがたらお春」

じゃがいもの生産量が全国第2位の長崎県で、じゃがいも焼酎「じゃがたらお春」を造っている。すっきりした飲みやすい味が人気。

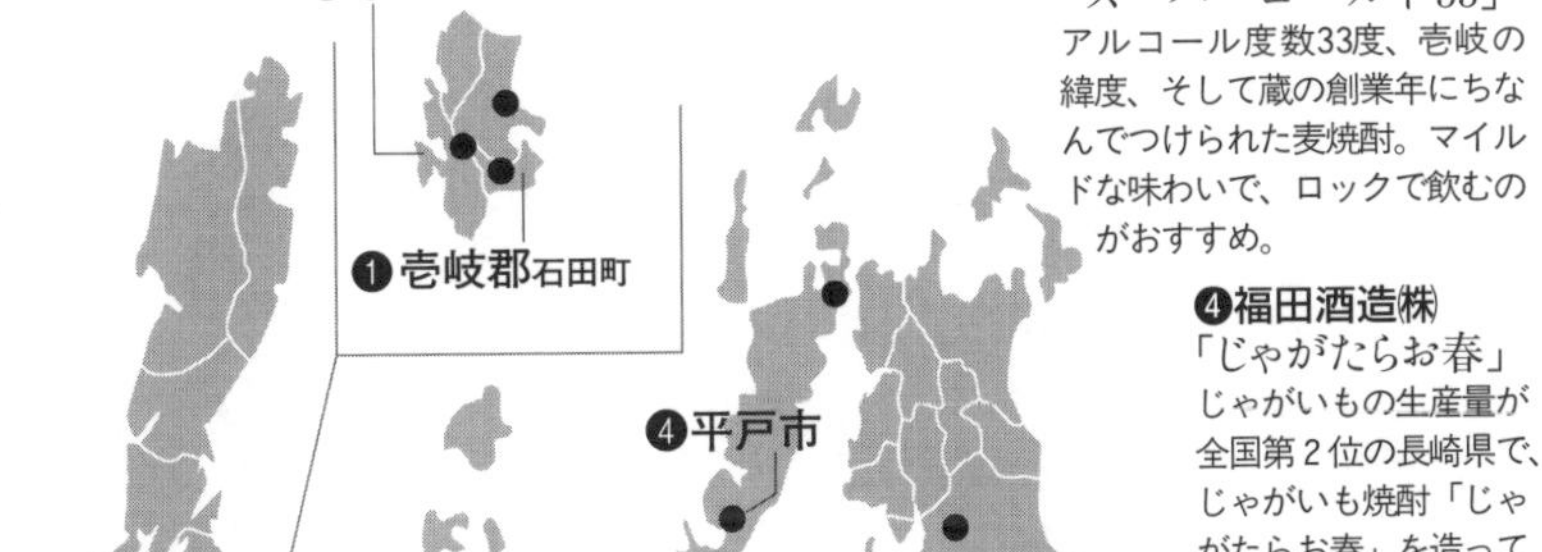

❺長崎大島醸造㈱
「ちょうちょうさん」

長崎県では唯一いも焼酎造りを行っている。「ちょうちょうさん」は地元のベニアズマを使って造られている。

❻久保酒造場「青一髪」
添加物を一切使わず、3年以上かけてじっくり熟成させて世に出される麦焼酎「青一髪」は、まろやかな舌触りが特徴。

❼㈾山崎本店酒造場
「七萬石」

有明海で獲れるワカメを利用してワカメ焼酎「七萬石」を造っている。

黒糖焼酎は、ほんのり甘い日本のラム酒

黒糖焼酎は、奄美諸島だけが造ることを許されている。この決まりがつくられたのは、一九五三（昭和二八）年に奄美諸島がアメリカから日本に返還された際である。現在、奄美大島、喜界島、徳之島、沖永良部島、与論島で造られている。

原料はサトウキビ。南米や西インド諸島でつくられているラム酒と同じで、同じ蒸留酒だが、仕込みに米麹《こうじ》を使うことがちがう。

米麹が生成するクエン酸によって、雑菌の繁殖を抑え、アルコール発酵によって生じる雑味の原因となる不要な成分を最小限度に抑えることができる。

黒糖の持つ特有の甘味に、コクがあるのにすっきりした飲み口を持つ焼酎になっている。

黒糖焼酎は、使う水や原料の配合の割合、仕込みが各島によりそれぞれ異なるため、飲み口が微妙に違う。

もっとお酒がおいしくなる話

黒糖焼酎を毎日飲めば、長生きできる？

黒糖焼酎は奄美の人々にとって欠かすことのできない酒である。燗《かん》にしたり、お湯で割って楽しみながらチビチビと飲むこともある。ゆっくりと、適量を飲むことで1日の疲れを癒すのである。適量の酒は、コレステロールや血圧低下にも役立つ。

120歳まで生きた泉重千代さんは、毎晩1合飲む黒糖焼酎を何よりの楽しみにしていたそうだ。ご長寿にあやかって、黒糖焼酎を飲む人も増えているというが、もちろんがぶ飲みなどせず、ゆっくりと味わうことを忘れずに。

奄美諸島のおもな焼酎と酒造メーカー

「里の曙」

❶町田酒造㈱「里の曙」
全国に黒糖焼酎の名を広めた。飲みやすい口当たりが初心者にも好評。

❷奄美大島酒造㈱
「浜千鳥乃詩」

おいしいといわれる龍郷の水を用いて造られた。舌触りがなめらかで、甘い香りが存分に漂う。

❸㈲富田酒造場「龍宮」
迫力のある味わいを持ちながら、繊細さも備えた逸品。貯蔵年数や甕によって少しずつ異なる味を楽しんでみるのもおすすめ。

❹朝日酒造㈱
「朝日」

アルコール度数25度と30度のタイプがある。食中酒なら25度を、飲みごたえをもとめるなら30度を選ぶとよい。

❺喜界島酒造㈱
「喜界島」

ミネラル分を多く含んだ水で仕込まれた黒糖焼酎「喜界島」は、飲み口が軽く、飲みやすい。

❻弥生焼酎醸造所
「弥生」

黒糖焼酎「弥生」は、焼酎の醸造が一番古く、本格的な伝統の味を守っている。

❼奄美酒類㈱「奄美」
どんな飲み方でも、まろやかな味が楽しめる。

❽沖永良部酒造㈱「花恋慕」
音響熟成を行って造られた黒糖焼酎「花恋慕」は、マイルドでソフトな味に仕上がっている。

❾原田酒造㈱「昇龍」
映画の舞台にもなったことのある島内の鍾乳洞にちなんでつけられたという。樽貯蔵で、やわらかい味をしている。

「有泉」

❿有村酒造㈱「有泉」
黒糖焼酎「有泉」のアルコール度数20度のタイプは、一度飲むとくせになるという。度数を感じさせない飲みやすい味をしている。

麦焼酎、米焼酎……いろいろな味が楽しめる

宮崎県は、南部ではいも焼酎の、北部では麦焼酎の生産が多いとされているが、そば、米などを原料にした焼酎も造られている。なかでも、高《たか》千《ち》穂《ほ》地方はそば焼酎発祥の地として知られる。その焼酎が、雲海酒造の「雲海」。この銘柄が、そば焼酎を全国的に有名にした。飲んだ時のほどよい刺激が、くせになる味だ。

宮崎には、もうひとつ有名な焼酎がある。「百年の孤独」がそれである。なかなか手に入らないことから「幻の焼酎」といわれ、プレミアがつくことさえある。その芳醇な香りは、飲む人を魅了する。

宮崎県は九州のなかでも穏やかでのんびりした気質として知られ、酒豪も少ないように感じるが、実は県民一人当たりの焼酎消費量は日本一なのだ。

焼酎好きの人々が造っていることも、この地の焼酎の見逃せない要素のひとつといえるだろう。

もっとお酒がおいしくなる話

囲炉裏文化が生んだ「カッポ酒」の楽しみ方

カッポ酒は、直径５～６ cmほどの青竹の節に小さな穴をあけて、そこに焼酎を入れて、囲炉裏端《いろりばた》や焚き火の横に突き刺して燗をする。火であぶられると竹から油が染み出し、焼酎に青竹のかぐわしい香りがうつる。酒を注ぐと竹に空気が入って「カッポカッポ」と音がすることからカッポ酒と呼ばれるようになったという。

宮崎のおもな焼酎と酒造メーカー

❶神楽酒造㈱「くろうま」
樽貯蔵した麦焼酎「くろうま」はほのかな樽の香りがただよう。樫樽貯蔵に力を入れ、貯蔵量は日本一。

❷㈾都乃泉「平成元年」
いも焼酎「平成元年」は、樽で長期熟成させている。甘さと香ばしさを兼ね備えた味になっている。

❸㈾黒木本店「百年の孤独」
「幻の焼酎」という言葉を生み出したのは、「百年の孤独」だといわれている。麦焼酎を樽で長期貯蔵させ、やわらかい味に仕上げている。

❹雲海酒造㈱「雲海」
そば焼酎「雲海」で全国的に知られる。麦焼酎「大河の一滴」は、旧JRのトンネル内で樽を用いて貯蔵熟成し、米焼酎をブレンドしたもの。

❺落合酒造場「天蓬来《てんほうらい》」
いも焼酎や米焼酎のほかに、よもぎ焼酎「天蓬来」やかぼちゃ焼酎「et」など、変わった原料の焼酎も造る。

❻京屋酒造㈲「甕雫」
それぞれの原料に適した状態で蒸しあげるコルニッシュボイラーを導入し、いも焼酎「甕雫」や麦焼酎「決戦前夜」を造っている。原料の個性ある風味を反映した味わいになっている。

❼井上酒造㈱「飫肥杉《おびすぎ》」
本格焼酎を飲み慣れていない人でも飲みやすい口当たりのいも焼酎。

❽松露酒造㈱「松露《しょうろ》」
常圧蒸留（110頁参照）ながら、さらっとした口当たりのよいいも焼酎「松露」を造っている。

❾宮崎県酒造㈱「サボテン焼酎」
甕壺を用いた手づくりの少量生産・酒造メーカー。「サボテン焼酎」など珍しい焼酎も造っている。

❿都城酒造㈲「みやこんじょ」
いも焼酎「みやこんじょ」は、米麹と麦麹を使い、いものくせを感じさせない味に仕上がっている。

まろやかな味が特徴。くせになる味で人気の泡盛

泡盛は、その製造法や原料がほかの焼酎と大きく異なる。

まず、発酵用の麹《こうじ》は、黒麹である。黒麹は泡盛麹ともいい、これを使用しなければ泡盛とは呼べない。一般の焼酎には白麹が使われることが多いが、気温の高い沖縄では腐敗の心配があるため、雑菌の繁殖を抑えるクエン酸を多くつくる黒麹が最適なのである。もちろん、泡盛独特の風味を出すためにも欠かせない。

原料の米も違う。泡盛は国産米ではなくタイ米（九四頁参照）を使用している。

焼酎は仕込みを二回に分けて行う二次仕込み法が一般的だが、泡盛ではすべて一回で行う「全麹仕込み」（六六頁参照）である。仕込みが短いため、できたての泡盛は香りや味に刺激があるが、それを何年も寝かせて熟成させる「古酒《クース》」（七〇頁参照）によって泡盛独特のまろやかな味を生み出す。そして、一九八三年には公正競争規約によって泡盛の表示に関する取り決めがなされ、そのオリジナル性が守られることとなった。

もっとお酒がおいしくなる話

宮古島に伝わる「オトーリ」という儀式

親戚が集まったり、青年会などで男たちが集まると行われるオトーリという儀式は、車座に座って、泡盛の注がれた杯が順次回される。杯が回ってきたら、立ち上がって近況を報告したり、歌ったり、踊ったりして杯をあける。

これが夜通し、ほぼエンドレスに続く。途中眠り込んでしまっても、目が覚めたら再び参加するという。恐るべきスタイルである。

沖縄のおもな泡盛と酒造メーカー

「時雨」

「瑞穂」

❻宮里酒造所「春雨」
2000年に開催された九州・沖縄サミットで大絶賛を受けた「春雨」は今では手に入りにくい幻の酒といわれる。

❼㈱久米島の久米仙
「久米島の久米仙」

沖縄料理に合わせやすい泡盛のひとつ。

❽㈱宮の華「宮の華」
女性杜氏によって造られた「宮の華」は、繊細で華やかな香りが特徴。

❾波照間酒造所
「泡波」

幻の酒と呼ばれ、入手困難な泡盛のひとつ。

❿国泉泡盛㈴
「どなん」

与那国島で造られる泡盛「どなん」は、厳密には泡盛ではなく花酒（100頁参照）と呼ばれる。アルコール度数が60度と高いため、スピリッツに分類される。

❹㈲識名酒造「時雨」
沖縄で初めて瓶詰めを行い、名前をつけて売り出した酒造所。この酒造所には90年物と140年物の古酒が大事に保管されている。「時雨」は辛口の仕上がり。

❺瑞穂酒造㈱「瑞穂」
琉球王朝時代から続いているこの酒造所は、古酒造りに力を注いでいる。「瑞穂」は、さまざまな味に仕上げたシリーズである。

❶㈲金武酒造
「龍《たつ》ゴールド」

女性にもおすすめの飲みやすい泡盛。客の購入した泡盛を預かり、近くの鍾乳洞で貯蔵し、味を寝かせるサービスを行っている。

❷崎山酒造廠「松藤」
沖縄では珍しい天然の硬水を使って造られた「松藤」は、芳醇な香りが特徴。

❸㈴新里酒造「かりゆし」
現存する日本最古の酒造所。「かりゆし」は喉ごしが良く、若者に人気がある。

泡盛の特権「全麹仕込み」が独特の味わいを生み出す

沖縄の泡盛は仕込みの方法に特徴がある。一般に、焼酎では麹《こうじ》菌に水と酵母《こうぼ》を加えて一次仕込みをして、さらに原料を加えるという二次仕込み（場合によっては三段仕込みもある）の方法がとられているが、泡盛ではすべてを一回で行う。この方法を「全麹仕込み」という。

原料のタイ米に黒麹と水、酵母を加え、一気に仕込みをすませ、蒸留に移るのである。

なぜ、こうした特殊な仕込みが行われるのかといえば、それは沖縄[*1]の気候が深く関係している。

沖縄は年間を通じて気温が高い。そのため、雑菌が繁殖したり、醪《もろみ》の段階で腐敗しやすい。他の焼酎のように二次仕込みまで行っていては、腐ってしまう確率が高くなるのである。一気に仕込みを終わらせる必要があるのだ。これが全麹仕込みという方法を選択する理由である。

このように気候・風土に適した伝統的な製法がまた、泡盛の独特の味わいを生み出しているのである。

仕込みに使う道具

●柄杓《ひしゃく》
一次仕込みでできた醪《もろみ》をすくって味を確認する道具。竹材を用いるのは、不要な味を寄せ付けることなく、抗菌作用にもすぐれているという理由から。

●めしげ
薩摩の言葉で「しゃもじ」の意味。蒸した麹米をすくう時に使う。麹米から熱を逃すため、めしげを使い、汗だくになって作業を行う。

＊1 沖縄の気候
沖縄では、一年のうち八か月間は平均気温が二〇度以上となる。冬でも平均気温は十六度程度と非常に温暖である。

防腐効果を高めるクエン酸

麹米（蒸し米に種麹を混ぜたもの）と水、酵母を仕込み、醪《もろみ》をつくる。この時、蒸し米に麹菌が繁殖すると大量のクエン酸がつくられ、麹米に残るようになっている。

醪はクエン酸によって強い酸性（低pH）となり、腐敗の原因となる他の細菌やカビなどの繁殖を抑えることができる。この作用は焼酎用の麹菌の特徴で、清酒用の麹菌にはない。

また、麹菌はクエン酸と同時に、でんぷんをブドウ糖に変える糖化酵素も生成し、麹米に残すという働きももっている。

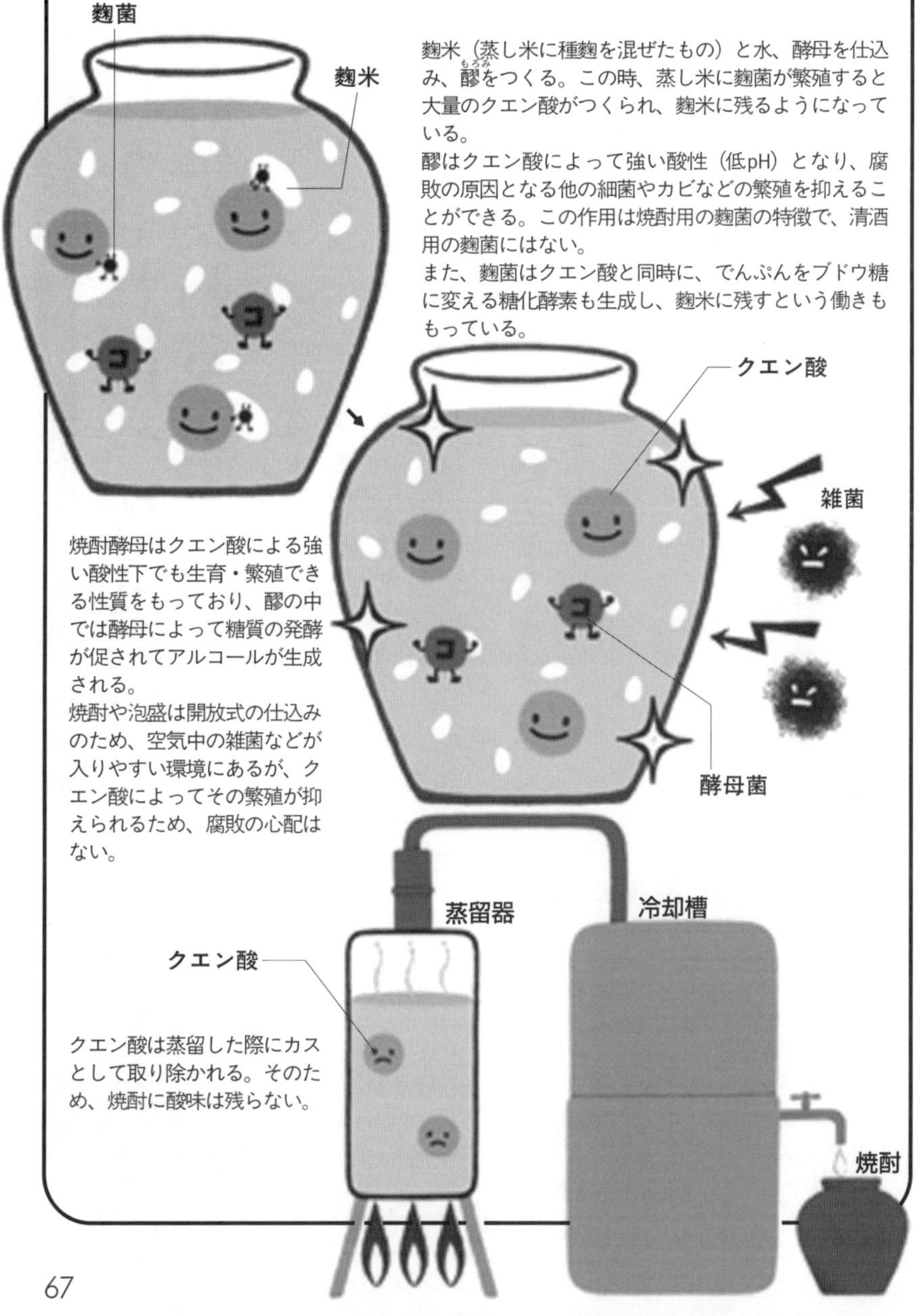

焼酎酵母はクエン酸による強い酸性下でも生育・繁殖できる性質をもっており、醪の中では酵母によって糖質の発酵が促されてアルコールが生成される。
焼酎や泡盛は開放式の仕込みのため、空気中の雑菌などが入りやすい環境にあるが、クエン酸によってその繁殖が抑えられるため、腐敗の心配はない。

クエン酸は蒸留した際にカスとして取り除かれる。そのため、焼酎に酸味は残らない。

泡盛は、寝かせれば寝かせるだけ深い味わいに変わる

焼酎は割り水をしてアルコール濃度を調整した後、ろ過して、さらに三か月ほど熟成させたものを商品として出荷するのが一般的だが、沖縄の泡盛の熟成期間はそんなものではない。琉球王国の時代から、泡盛は数年、数十年と熟成させるために寝かせるのが当たり前だった。

一般に、三年以上熟成させた泡盛は「古酒《クース》」と呼ばれるが、各家庭では泡盛を南蛮甕《がめ》に入れて寝かせ、ときおり注ぎ足しながら（仕次ぎという。七〇頁参照）、何十年も家宝として大事に大事に守っていく。

泡盛は、寝かせて熟成させることによって独特のガス臭が消え、まろやかで深い味わいとなっていく。焼酎に比べてアルコール度数が高いのだが、熟成させることによって飲みやすくなる。市場でも五年もの、一〇年ものなら手に入るようになったので、その熟成の味わいを楽しむことができる。

沖縄では現在でも各家庭で泡盛を寝かせ、熟成させる習慣が続いている。保管場所にはちょっと風変わりな場所もあるが、それもまた沖縄の人にとっては伝統の習慣なのである。

もっとお酒がおいしくなる話

熟成に最適な南蛮甕に隠されたヒミツ

沖縄では琉球王国の時代から泡盛を南蛮甕に入れて熟成させていた。南蛮甕は素焼きで、鉄やマンガンなどの金属物質が多く混じった土を練って焼き上げる。

酒が呼吸するための気孔が多く、金属物質が触媒となるため、熟成にはこれ以上ない最適の甕である。これがうまい古酒を育てるのだが、そんな上等の甕の存在を琉球の人々は薩摩《さつま》をはじめ、本土には一切秘密にしていたという。

変わった場所で熟成させる泡盛

泡盛を熟成させるための甕は、家の中に大切に保管されている。ところが、その甕を変わった場所に保管する風習が残っている。

沖縄の代表的なお墓は「亀甲墓」と呼ばれ、後方に洞窟のように大きな納骨堂を備え、泡盛の甕の保管が楽にできるほどの広さがある。

また、海中に置く場合もある。

●墓で寝かせる

お墓の中は温度変化が少なく、冷暗所となるので、泡盛の熟成には最適である。

また、沖縄では「シーミー」といって親族一同が集い、先祖の霊を慰める風習がある。墓前にご馳走や泡盛をお供えして、自分たちも泡盛を飲む。この時、熟成させた古酒を振る舞うこともある。

●海の中で寝かせる

海中に保管する場合は、泡盛の入った瓶を水深10メートルほどの位置に沈めて１年間置く。外気にさらすよりは海中のほうが温度が低く、しかも安定している。日に当たることもない。

また、水圧や海流による微振動が熟成に好影響を及ぼす。

ただし、海中での保管は潮に流されてしまうこともあるため、定期的に点検する必要がある。

「仕次ぎ」がまろやかな味をつくりだす

クース（泡盛の古酒）は熟成文化の賜物ともいえる酒だ。

古酒《クース》と呼ばれるには決まり事がある。公正競争規約によって定義が決められている。それによると、古酒とは三年以上貯蔵したもの、もしくは三年以上貯蔵した泡盛が、仕次ぎをしたあとの総量の五〇パーセントを超えるものでなければならない、とある。

ちなみに単に「古酒」と表示されているものは三年ものと判断すればよい。それ以上寝かせたものは五年、一〇年と貯蔵年数が記されている。

古酒が誕生したのは、泡盛が寝かせるほどうまくなる酒で、沖縄の人々が琉球王朝時代から伝統的に「仕次ぎ」という習慣を受け継いできたからだ。その手順は、寝かせた古い酒に、少しずつ新しい若い酒を注ぎ足すことによって、さらに熟成を促すというもの。複数の、寝かせた年数の異なる酒を順繰《じゅんぐ》りに注ぎ足していくのだ。

この技法はシェリー酒のソレラシステム[*1]とよく似ており、泡盛とシェリー酒にしかない独自の熟成方法である。

＊1 ソレラシステム
シェリー酒の味わいと品質を均一化するために行う熟成方式。シェリー酒のラベルにはソレラを開始した年が表示され、古いものでは一〇〇年以上前のものも存在する。

クースは食後に楽しむ

3年未満の泡盛は水割りやロックで飲むのが一般的だが、クースはストレートで飲むのがいちばんうまい。飲み方にもコツがあり、舌先でちびりちびりと舐め、口の中で酒をころがしながら飲む。

クースは、寝かせた年数が長ければ長いほど、味がまろやかになり、香りも甘くなる。アルコール度数も高いものほど、おいしいといわれている。食中酒としてよりも、食後酒として楽しむのが最適だ。

自宅でクースをつくってみよう

●用意するもの…幾つかの甕《かめ》と熟成させる酒

Point 甕を使うのがベスト。場所をとるため、古酒を育てる一番甕だけに甕を用いて、二番甕、三番甕に当たる酒は、一升瓶を用意するとよい。

Point 古酒にする酒は、アルコール度数35度以上がおすすめ。アルコール度数が強ければ強いほど、酒質の劣化が起こりにくい。

Point 甕に入れて販売されている酒を選び、古酒づくりに用いるとよい。各酒造所で、甕から酒が漏れることがないかを丹念にチェックしてから卸しているので、安心して寝かすことができる。

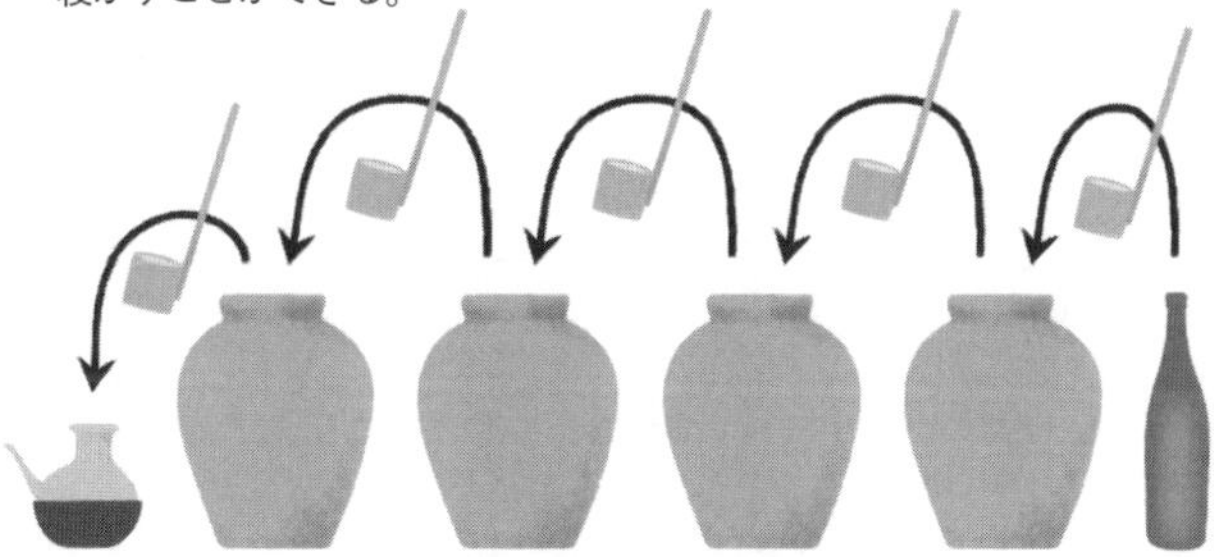

●甕の保存方法

Point 直射日光の当たらない風通しの良い所がよい。温度によって熟成速度が変わり、温度の低い所は、高い所よりもゆっくりと熟成する。

Point 蓋はシリコン製を用いるとよい。内側にセロファンを引き、封をした後、その上からもう一度セロファンをふたに被せて縛る。ビニールは、酒ににおいが移る危険性があるため、避ける。

Point 貯蔵場所にも気をつける。においの強いところに置くと、そのにおいが酒に移ることがある。

●古酒のつくり方

Point まず甕に入れた酒を1年間寝かせる。一番甕から一合だけ汲み、味を確かめる。飲んだ分と揮発した分を二番甕からつぎ足し、補充する。同じように二番甕には三番甕の酒をつぎ足す。そのように順番につぎ足しながら古酒を熟成させてゆく。これが、親酒の風味を損なわずに、熟成させる方法である。

Point 数十年、封を切らずに寝かせたい場合も、毎年重さを測って自然に蒸発する量を確かめた方がよい。年に500g～1kgも減っている場合は、甕が悪い場合がほとんどなので、ほかの甕に取り替える。

福岡・佐賀の焼酎

ゴマ、にんじん……多様な原料が使われる

福岡県は日本でも有数の米どころ。九州ではもっとも清酒づくりが盛んな地域である。そのため古くから、清酒を造る際にできる酒粕を利用して粕取り焼酎が造られてきた。田植えの時に振る舞われた早苗餐《さなぶり》焼酎[*1]はその代表的なものだ。

現在は、原料は米や麦が主流だが、蔵によってはゴマやにんじん、コンブなど、ちょっと変わったもので造っているところもある。

肥沃《ひよく》な佐賀平野を有する佐賀県は、焼酎に関しては九州の中でもっとも生産量が少ない。

専業の蔵元はたった一社で、ほかは清酒の蔵が兼業でつくっている程度である。

だが、佐賀県の名産品として有名な有田焼（伊万里焼ともいう）は焼酎の酒器としても用いられている。ぢょかや猪口《ちょこ》、焼酎の徳利などには有田焼のものが数多くある。美しい白磁の酒器で飲む焼酎は、通の人にとってはたまらない。

＊1 早苗餐焼酎
米づくりの盛んな福岡では、田植えの時はもっとも忙しく、人手もかかる。隣近所で互いに手伝う習慣があり、その際にお礼に振る舞われる焼酎を早苗餐焼酎と呼んだ。早苗餐焼酎は保存が利く。夏場の田植えの季節でも日本酒と違って腐らないことから、お礼の振る舞い酒として広まっていった。

福岡と佐賀のおもな焼酎と酒造メーカー

❶光酒造㈱「夢想仙楽」
シェリー酒の樫樽で貯蔵した麦焼酎「夢想仙楽」を造っている。ブランデー風の香りとほんのりした甘味が特徴。

❷ゑびす酒造㈱
「らんびき」

樽貯蔵（112頁参照）に早くから取り組む。貯蔵して寝かせる点に蔵独自の特色を出し、長期熟成した麦焼酎「らんびき」を造っている。

❸㈱紅乙女酒造「紅乙女」
ごま焼酎「紅乙女」で一躍有名になった。ごまの香ばしい香りが食欲を増進させ、料理がよりおいしくなる。

❹㈱喜多屋「天の美緑」
もともと清酒メーカーだが、日本で初めて真空蒸留器を完成させた。緑茶焼酎「天の美緑」は、原料に玉露を使用しており、ロックや緑茶割りで飲むのがおすすめ。

❺西吉田酒造㈱
「つくし黒ラベル」

麦焼酎のみを造っている。常圧蒸留（110頁参照）をして造った「つくし黒ラベル」は、コクがあり飲みごたえがある。

❻㈱杜の蔵「歌垣」
麦の全麹仕込み（66頁参照）を行うなど、麹に熱い思いをよせる。麦だけで造られた「歌垣」は、麦のドライな味わいと香ばしい香りが特徴。

❼天吹酒造㈾「天吹」
なでしこの花酵母で仕込んだ吟醸酒の酒粕を使った粕取り焼酎「天吹」は、ほのかな吟醸香が特徴。

❽田中酒造㈾「菱娘」
地元の特産品、ひしの実で造った「菱娘」は、キレの良い、すっきりした味のひしの実焼酎。

「紅乙女」

「歌垣」

島による違いが楽しめる

伊豆諸島で造られるいも焼酎は、鹿児島のいも焼酎が米麹《こうじ》を使っているのに対して麦麹を使用している。そのため、鹿児島のものよりも軽やかな仕上がりで、伊豆諸島のいも焼酎としてのオリジナル性を獲得してきた。しかし、現在いも焼酎を造る製造元が減っている。嗜好の変化に伴っていも焼酎の製造から麦焼酎に代えたところが増えているためである。

近年のように焼酎ブームになる以前は、よほどの通でない限り、伊豆諸島で焼酎が製造されていることを知っている人は少なかった。伊豆諸島は東京都に属する。都内に流通していてもよいはずなのだが、あまり見かけられない。そのほとんどを地元の人々が消費しているからだ。ほかの地域の人々が口にする機会は極端に少なかった。

伊豆諸島で造られる焼酎は、原料はもちろん、度数の高低、熟成ものなどバラエティに富み、島による違いを楽しめる。現在、三宅島は噴火によって製造を中止しているが、伊豆諸島の焼酎は多種類ある。個性ある島酒をぜひ飲み比べてみよう。

青ケ島で造られる青酎は「幻の焼酎」

八丈島から少し離れた青ケ島《あおがしま》でも造られている青ケ島酒造㈾のいも焼酎は、俗に「青酎《あおちゅう》」と呼ばれる。この青酎は、めったに口にすることができない。

もともと少量しか製造しないうえ、丁寧に仕込むのでコストもかかっており、一般の焼酎に比べて非常に値段が高くなる。そんなこともあって、青酎はほとんど市場には出回らない。もし、遭遇できたら千載一遇のチャンス。ぜひとも味わっておこう。

伊豆諸島のおもな焼酎と酒造メーカー

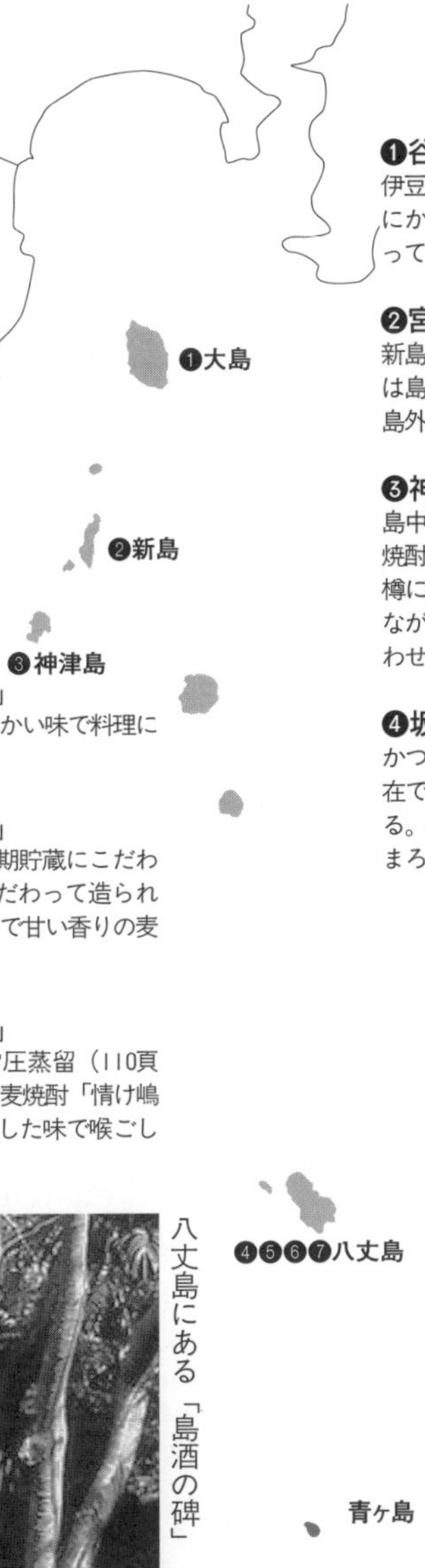

「盛若」

❶谷口酒造㈱「御神火 凪海」
伊豆大島で唯一の酒造所。冬から春先にかけて麦焼酎「御神火 凪海」を造っている。すっきりした甘い味が特徴。

❷宮原酒造㈱「嶋自慢」
新島唯一の酒造所。麦焼酎「嶋自慢」は島内での消費が中心だが、最近では島外への出荷も増えている。

❸神津島酒造㈴「盛若」
島中に湧き出るおいしい水を用いた麦焼酎「盛若」シリーズは、ワインの古樽に貯蔵されているので、焼酎でありながら、どことなくワインの香りを漂わせる。

❹坂下酒造㈲「黒潮」
かつてはいも焼酎を造っていたが、現在では麦焼酎「黒潮」などを造っている。島内でいち早く樽貯蔵に取り組み、まろやかな味に仕上げている。

❺樫立酒造㈱「島の華」
麦焼酎「島の華」は、やわらかい味で料理にもあわせやすい。

❻磯崎酒造㈱「黄八丈」
常圧蒸留（110頁参照）と長期貯蔵にこだわる。黄麹（102頁参照）にこだわって造られた「黄八丈」は、フルーティで甘い香りの麦焼酎。

❼八丈興発㈱「情け嶋」
減圧蒸留（108頁参照）と常圧蒸留（110頁参照）の焼酎をブレンドした麦焼酎「情け嶋（しまなさけ）」は、しっかりした味で喉ごしがよい。

「島の華」

八丈島にある「島酒の碑」

牛乳、じゃがいも、しそ……バラエティにとんだ焼酎がたくさんある

焼酎は、清酒を醸造するのに比べて、ある意味製法が簡単である。原料は、でんぷん質が多いもの、という程度である。そのためもあってか、焼酎造りは、全国で行われている。

たとえば北海道では、名産のとうもろこしやじゃがいもを使った焼酎、他の県でも、米どころでは米を、そばが名産のところでは、そば焼酎を造っている。

最近ではでんぷん質にこだわらずに原料を決め、各地の名産品を焼酎の原料にしているところもたくさんある。基本的に日本酒との兼業が多いが、蔵元独自の特徴を出そうと、さまざまな研究を行っているところばかりである。

じゃがいも焼酎の「きよさと」(北海道)、栗焼酎「ダバダ火振《ひぶり》」(高知)、海藻焼酎「いそっ子」(島根)など、あげたらキリがない。どの焼酎も原料の風味を生かした一味ちがうものに仕上がっている。

地元の酒屋を中心に出回っていることが多い。

焼酎は、冷暗所で保存する

焼酎は、ワインや日本酒と同じように、日の当たらないところに保存するのがよい。そうすれば、いつでもおいしく飲むことができる。

また、一度にボトル1本をあけるのではなく、日をおいて少しずつ飲む場合は、その期間をあまり長くしないようにしたい。あけてから数カ月たつと、はじめに飲んだときとまったく味がかわってしまう。

全国のおもな焼酎と酒造メーカー①

❶清里町焼酎醸造事業所「きよさと」
産業振興を目的にじゃがいも焼酎「きよさと」を造っている。でんぷん含有率の高いじゃがいもを使い、しっかりした味につくりあげている。

❷花春酒造㈱「會津武家焼酎」
酒造りが盛んな会津若松で、焼酎免許を取得した最初のメーカー。粕取り焼酎「會津武家焼酎」は、地元では暑さを凌ぐために飲まれてきた。

❸㈱北雪酒造「つんぷり」
超音波熟成酒の開発や紫外線を遮断して酒の品質劣化を防ぐチタン容器の開発などを行う。粕取り焼酎「つんぷり」はフルーティな香りをかもしだす。

❹千曲錦酒造㈱「クマ笹焼酎」
浅間山系の伏流水を仕込みに使っている。地元の原料で造る「クマ笹焼酎」は、米の香りの中に、わずかながらクマ笹の上品な香りがする。

❺合同酒精㈱「鍛高簞」
全国各地に工場を持ち、しそ焼酎「鍛高簞」や昆布焼酎「礼文島」など、変わった原料の焼酎を造る。しそや昆布は、甲類焼酎（106頁参照）に香りのエキスとして加えられている。

❻高木酒造㈱「ゴールド飛山」
金箔が入った米焼酎。減圧蒸留（108頁参照）ですっきりと飲みやすい味に仕上がっている。

「會津武家焼酎」

清酒の副産物酒粕からもおいしい焼酎ができる

さまざまな原料から造られる焼酎だが、清酒の副産物である酒粕から造る粕取り焼酎[*1]も多く造られている。最近は、いもや麦、米などの焼酎人気に押され、粕取り焼酎の製造は減少しているものの、それでも清酒の製造元の多くが行っている。

有名なのが、島根県。昔から粕取り焼酎の愛飲家が多く、人気が高い。鳥取県なども生産量が多い。

粕取り焼酎は、日本酒を造るうえで出てくる醪《もろみ》粕を使って造る。そのため、日本酒に近い味わいで、すっきりしたドライな口当たりになっている。

また、京都や神戸など、おいしい日本酒が造られているところでも、焼酎は造られている。日本酒同様、水のおいしさが焼酎の風味や味を左右することから、水がおいしいところで造られているのは日本酒と同じである。

＊1 粕取り焼酎

粕取り焼酎と誤解されがちなのが、戦後のヤミ市で売り買いされていた密造酒のカストリ酒。粕取り焼酎はカストリ酒とはまったくの別物。カストリ酒のせいで粕取り焼酎に悪い酒のイメージがつき、それを払拭するため考案されたのが「早苗饗《さなぶり》焼酎」という名前である（七二頁参照）。

同じ酒粕から造られる醪取り焼酎

清酒を搾ったあとの酒粕には、まだ8％のアルコール分が含まれている。そのまま捨ててしまうのはもったいないので、粕漬けに利用したり、粕取り焼酎に用いられている。

製法は、酒粕にもみ殻を混ぜて蒸留するというもの。

ところで、同じ酒粕を使っているのに、粕取り焼酎ではなく、醪取り焼酎と呼ばれるものがある。これは麹《こうじ》を用いたもので、ほとんどの本格焼酎が醪取り焼酎に分類される。

原料のラベル表示を見て、麹が記載されていれば醪取り焼酎である。酒粕を使っていても麹が加えられていれば、醪取り焼酎というわけだ。

全国のおもな焼酎と酒造メーカー②

❶宝酒造㈱「よかいち」
清酒「松竹梅」で有名だが、甲類焼酎、本格焼酎のどちらにも力を入れている総合酒類メーカー。麦焼酎「よかいち」は樽貯蔵により、ほのかな樽の香りがある。

❷中本酒造店「山鶴」
1990年から吟醸清酒の酒粕を原料に粕取り焼酎「山鶴」を造っている。飲みやすく後味もすっきりしている。

❸室町酒造㈱「杉の香 美味杉《うますぎ》」
仕込み水に、名水百選に選ばれた「雄町の冷泉」を用いて造る。純米酒を減圧蒸留（108頁参照）した清酒焼酎「杉の香 美味杉」は上品な味わいをしている。

「ダバダ火振」

❹㈱辻本店「おいさぁ」
観賞用の水草ホテイアオイを用いて造られた「おいさぁ」などがある。麦焼酎のほろ苦さに甘い香りがプラスされている。

❺隠岐酒造㈱「いそっ子」
海藻と米を原料に用いた焼酎「いそっ子」は、舌にわずかな刺激をもたらす。

❻㈱無手無冠「ダバダ火振」
地域の特産物の栗を原料に栗焼酎「ダバダ火振」を造っている。栗の甘さが味わえる。

歴史をひも解くと、
焼酎を造るきっかけがみえてくる

どの原料で焼酎を造るか、その理由は時代によってさまざま

球磨焼酎は、隠し田に支えられていた

江戸時代、球磨《くま》盆地（現在の人《ひと》吉《よし》盆地）あたりを治めていた相良《さがら》藩の領地は二万石といわれていた。

だが、実は多くの隠し田《だな》（山ひだに隠すようにつくられた田）を持っており、実際には十万石以上もあったといわれる。

藩は、その隠し田でつくられる豊富な米を利用した焼酎造りを奨励した。焼酎を売ることで、財政的に潤うというのが、その理由のひとつだった。それ以来、この地では、球磨焼酎が造られている。

壱岐の麦焼酎は、古い歴史をもつ

江戸時代、すでに壱岐《いき》では麦焼酎が造られていた。

壱岐は、気候が温暖で米づくりに適しているが、豊富に収穫された米のほとんどが年貢として納められ、島民の口に入ることは少なかった。そこで人々は年貢の対象とならない麦を育て、主食としていた。そしてその麦を使って、自分たちが飲む焼酎をも造っていたのだ。しかも、蔵で造るのではなく、自家製であったという。

第二次世界大戦がきっかけで誕生した黒糖焼酎

奄美諸島は、江戸時代から黒糖の原料になるサトウキビの産地として知られている。サトウキ

ビからつくられる黒糖は、高額で取引される。そのため、薩摩《さつま》藩に監視され、島民は自分たちでつくった黒糖を口にすることはできなかった。当時はさつまいもや米などで焼酎を造っていた。

だが、第二次世界大戦が始まると、米はもちろん、さつまいもや麦、粟などの穀類が不足し、焼酎を造る原料がなくなってしまった。

奄美に残ったのは、黒糖だけとなり、その結果、その黒糖を使って焼酎を造り始めた。戦後アメリカに占領されていた時代にも、黒糖焼酎は造り続けられたのである。

奄美では「セエ」と呼ばれる酒

古くから奄美には、琉球《りゅうきゅう》（沖縄）から泡盛が持ち込まれていた。

ある日のこと、泡盛の入った壺を浜に並べて量り売りしていると、その壺に一匹のバッタが止まった。それをみた琉球の人が「セエ」と言ったのを聞いて、奄美の人は「琉球では、酒（泡盛）のことをセエ、というのだな」と勘違いしてしまった。その勘違いが、そのまま「セエ」＝酒（泡盛、焼酎）として、定着してしまったのである。

泡盛は貴族の飲み物だった

沖縄が琉球と呼ばれていたころ、泡盛は人々が気軽に飲める酒ではなかった。幕府への贈答品となり、格別の貴重品として、厳しく管理されていたのである。琉球王国内で泡盛を口にできるのは、一部の貴族に限られていた。

製造も、決められた村だけで行われていた。

泡盛は、市場で手に入れることはできなかったが、人々はこっそり自家製の泡盛を飲んでいた。

明治時代に入り、王朝の支配が終わりを告げたと同時に、泡盛の製造は免許制になり、自由化されたのだった。

ラベルは焼酎の履歴書だ

焼酎ボトルには必ずラベルが貼られている。ラベルは焼酎の氏素性《うじすじょう》を明らかにするもので、いくつかの種類がある。

まず、ボトルの上に貼ってあるのが肩ラベル。下の中央に貼ってあるものは胴ラベルという。最近では裏に製法を記した裏ラベルを貼っているものも多い。

ラベルの大きさやデザインは自由だが、表示する文字の大きさは容器の容量によって決まりがある。ただ、表示義務内容（図参照）を満たしていれば、ラベルの形などは自由に決めてよい。

また、枚数の制限もなく、一般的には一～三枚が最も多い。

――焼酎ラベルの読み方――

●ラベルの表示義務内容

銘柄名、酒の種類、製造元や発売元の住所・氏名、原材料、アルコール度数、容量などは、必ず明記しなければならない。

●商品の差別化

最近では、焼酎の特徴や銘柄を覚えてもらうために、斬新《ざんしん》なデザインのものが多い。ボトルにタグを付けることもある。

●原材料の表示

原料を冠表示（たとえば、いも焼酎というように）するには、その原料が50%以上使用していること、または使用原料のなかで最も多いものから表示する。

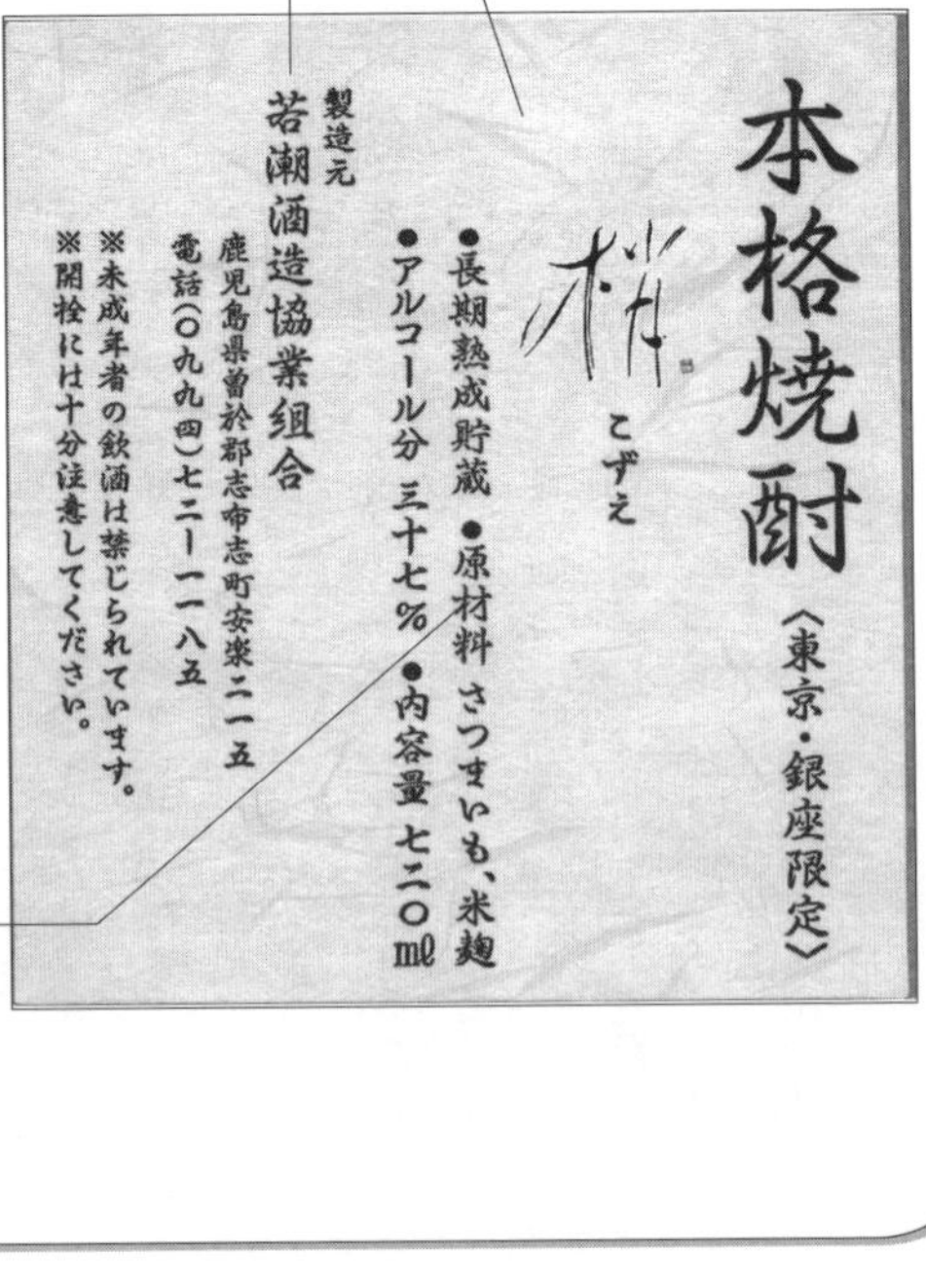

第三章 原料の特徴を知り、焼酎を味わう

原料はいろいろ

でんぷん質の原料さえあれば焼酎は造れる

焼酎という酒は、数ある酒類のなかで唯一原料を限定していない。米でなければとか、さつまいもしか認めないとか、そういった原料に関する決まり事がないのだ。

焼酎はでんぷんが含まれていれば、たいていどんな原料でも造れる。これが原料のバリエーションを豊かにすることにつながっている。

日本に蒸留酒とその製造技術[*1]が伝わった時、おそらく最初は米で焼酎を造ったのではないか、と考えられている。ところが、当時、米は年貢として納めなくてはならない貴重品であった。それを焼酎の材料に使うことは難しかったはずだ。とくに、焼酎造りがいち早く定着した薩摩藩[*2]は米の栽培には適さない土壌だったため、代わりに豊富にとれるさつまいもで焼酎を造るようになった。

球磨《くま》焼酎の本場、球磨盆地[*3]のあたりは米どころだったため、米で焼酎を造っていた。麦がとれるところでは麦で、というように、ともかく手に入る原料で焼酎造りが行われていった。

＊1 製造技術
日本で焼酎が造られるようになったのは、今から約五五〇年ほど前(戦国時代)といわれている。その蒸留技術の伝来ルートには、三つの説がある(四六頁参照)。

＊2 薩摩藩
現在の鹿児島県、宮崎県あたり。藩主は島津氏。

＊3 球磨盆地
熊本県人吉市付近に広がる盆地で、人吉盆地と呼ばれることもある。日本三大急流のひとつ球磨川流域に広がり、山々に囲まれた盆地は、昔から米づくりが盛んに行われてきた。

本格焼酎の原料別出荷数量

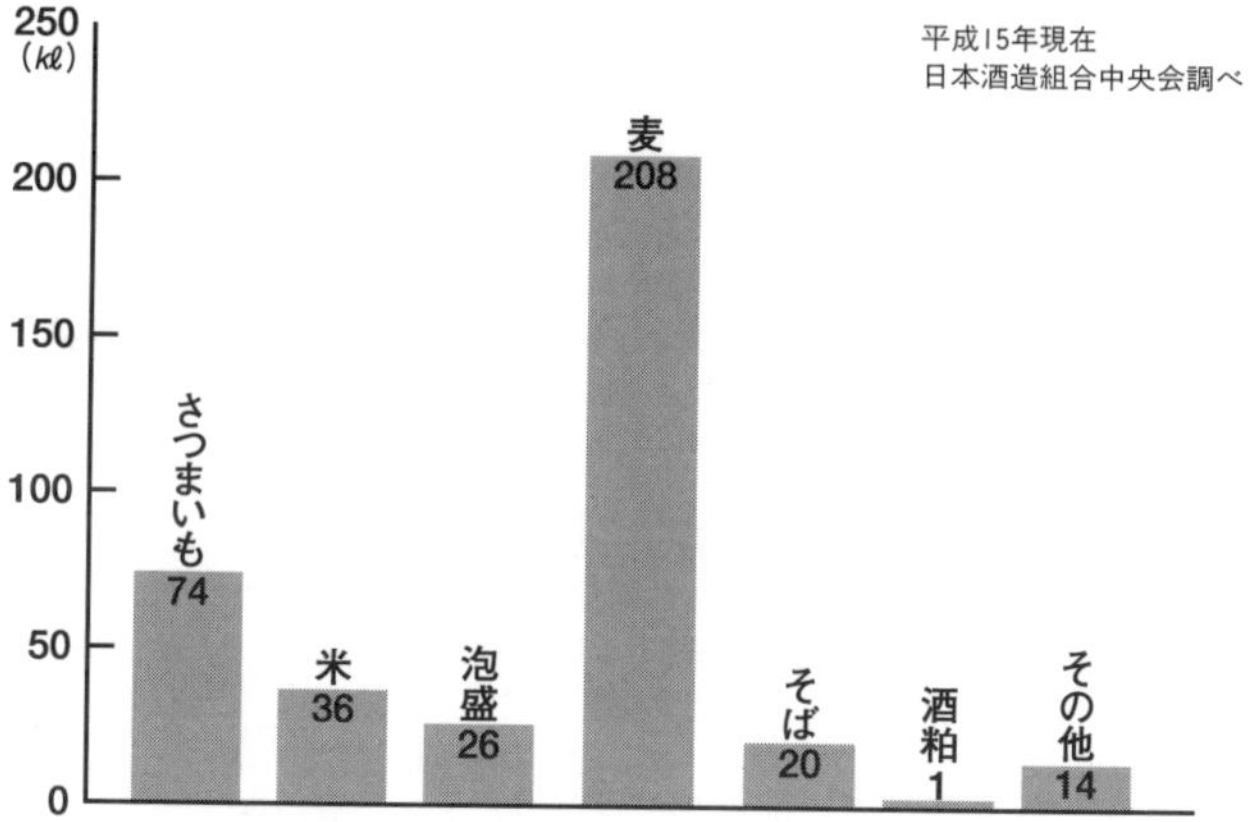

本格焼酎の原料は多岐にわたる

さつまいも	米	麦	そば	黒糖
酒粕	あしたば	あまちゃづる	アロエ	えのき茸
おたねにんじん		かぼちゃ	牛乳	くず粉
クマ笹		栗	グリーンピース	こならの実
ごま	コンブ	サフラン	サボテン	椎茸
しそ	大根	脱脂粉乳		たまねぎ
つのまた	つるつる	とちの実		トマト
なつめやしの実	にんじん	ねぎ	海苔	ピーマン
ひしの実	ひまわりの種	ふきのとう	べにばな	ホエイパウダー
ほていあおい	またたび	抹茶	まてばしいの実	ゆりね
	よもぎ	落花生	緑茶	蓮根
	ワカメ	里いも	ぬか	じゃがいも
ウーロン茶	山いも	栗	ほうれん草	銀杏
そら豆	米粉	コーヒー	玄米	ライ麦
もち米	ピーナッツ	いなキビ	もちキビ	緑茶
大豆	デーツ	菱		

さつまいも①

でんぷんが多く、甘い「コガネセンガン」

いも焼酎の原料はさつまいもだが、なかでももっとも多く用いられているのが「コガネセンガン」という品種だ。漢字では「黄金千貫」と書く。

コガネセンガンは、品種改良によってでんぷんが豊富なでんぷん用のいもとして昭和四十一年に鹿児島で生産が開始された。当時はまだ、いも焼酎用としてのさつまいもの栽培はされていなかった。食用やでんぷん用のいもなどの一部を焼酎用に用いていたわけだが、焼酎造りにおいてコガネセンガンは、最適ないもだったのである。昭和四〇年代中頃になると、コガネセンガンを栽培する農家も増え、県内で造られるいも焼酎の原料のほとんどに、コガネセンガンが用いられるようになった。

コガネセンガンは皮まで白く、蒸すと甘い香りがただよい、食べてもホクホクして甘い。この香りと甘さが、いも焼酎のフルーティな香りと味をつくり上げている。

〈コガネセンガンを使用したおもな焼酎〉千亀女（鹿児島・（協）若潮酒造）、森伊蔵（鹿児島・（有）森伊蔵酒造）、桜島（鹿児島・本坊酒造）など

さつまいもの伝来はコロンブスのおかげ

さつまいもの生まれ故郷は、中南米メキシコの高原地帯。はるか日本の九州に伝わるには長い時間と距離を経るのだが、そもそもの始まりはコロンブスの新大陸発見に起因する。コロンブスによってヨーロッパへ渡り、17世紀頃にフィリピンを経由して長崎に伝わったとされる。

中国から琉球経由で九州南部にも伝えられたとする説もあるが、いずれにしても、コロンブスがいなければ、さつまいもが世界中に広まることはなかったのだ。

コガネセンガンの栄養成分
[100gあたり150kcal]

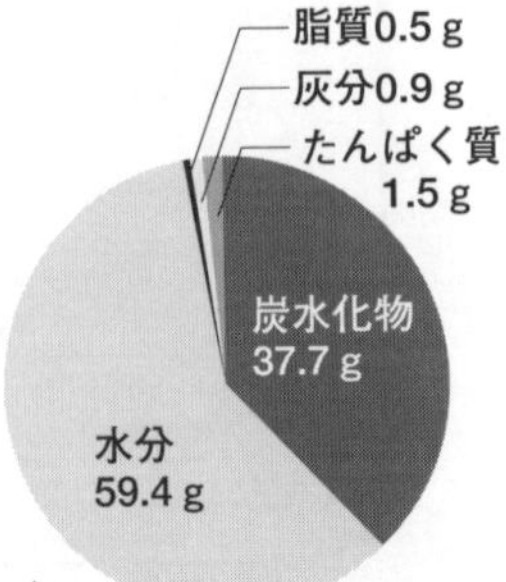

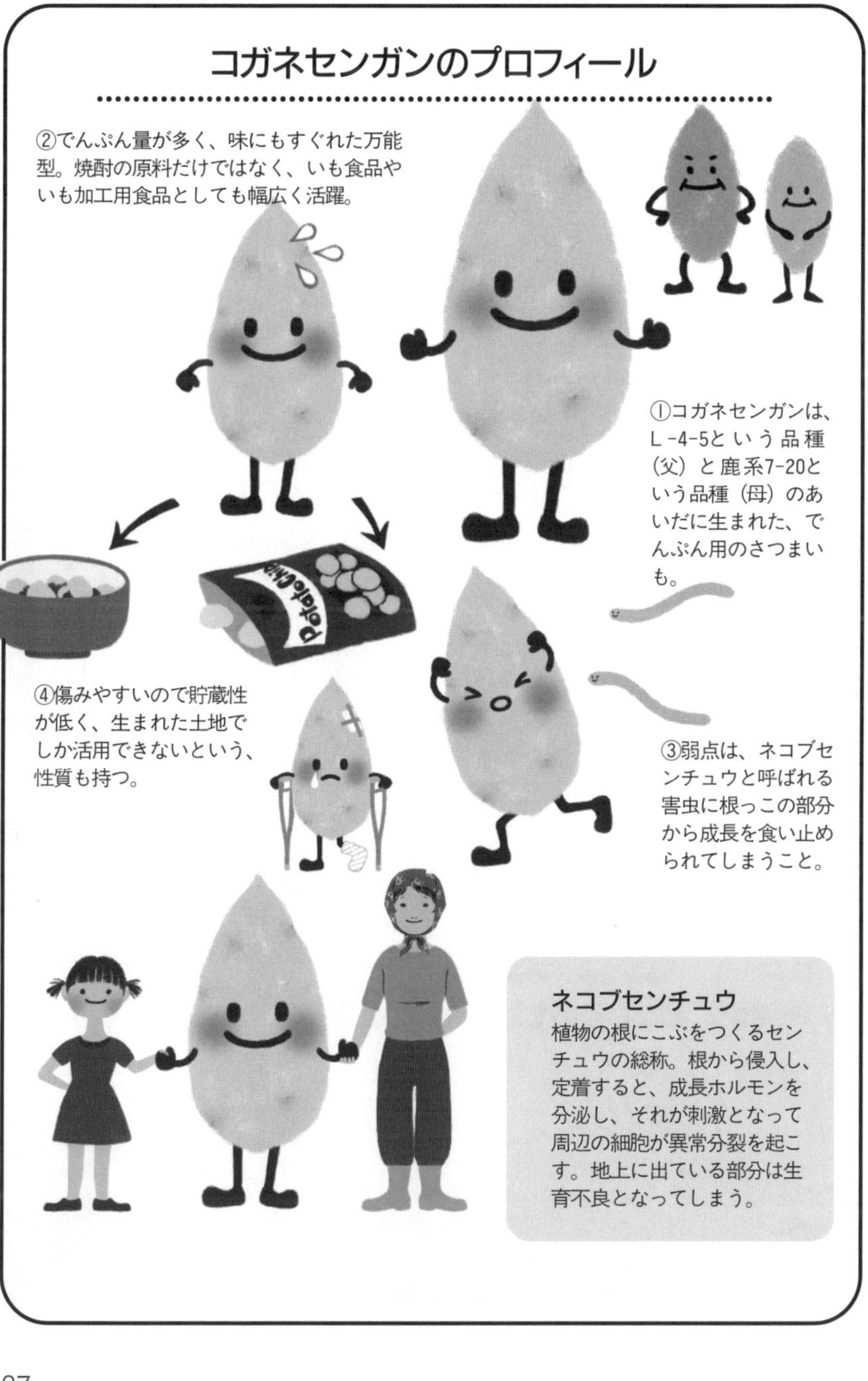
コガネセンガンのプロフィール
①コガネセンガンは、L-4-5という品種（父）と鹿系7-20という品種（母）のあいだに生まれた、でんぷん用のさつまいも。
②でんぷん量が多く、味にもすぐれた万能型。焼酎の原料だけではなく、いも食品やいも加工用食品としても幅広く活躍。
③弱点は、ネコブセンチュウと呼ばれる害虫に根っこの部分から成長を食い止められてしまうこと。
④傷みやすいので貯蔵性が低く、生まれた土地でしか活用できないという、性質も持つ。
ネコブセンチュウ
植物の根にこぶをつくるセンチュウの総称。根から侵入し、定着すると、成長ホルモンを分泌し、それが刺激となって周辺の細胞が異常分裂を起こす。地上に出ている部分は生育不良となってしまう。

さつまいも②

焼酎専用の「ジョイホワイト」はフルーティな焼酎に向く

少し前までいも焼酎は、地元以外ではなかなか受け入れられないという状況が続いていた。今でこそいも焼酎の独特の香りも人気があるが、一九八〇年代の焼酎ブームの頃は、すっきりとした軽快な味わいの麦焼酎の人気にはかなわなかった。

そこで、「都会的ないも焼酎」はできないものかと考え、原料のいもの品種から見直す動きが始まった。研究を重ねた結果、平成六年に焼酎専用のさつまいも「ジョイホワイト」が誕生した。

ジョイホワイトは糖化酵素を含まないため、コガネセンガンのように加熱しても甘くなく、食用には向かない。しかし、でんぷん質が豊富なうえ、焼酎にするとフルーティな香りが生まれる。

誕生から年数が浅いため、ジョイホワイトを原料とした焼酎はまだ少ないが、徐々に商品化されつつある期待のさつまいもである。

〈ジョイホワイトを使ったおもな焼酎〉鰐塚《わにづか》（宮崎・（有）渡邊酒造）、ひとり歩き（宮崎・古澤釀造）、山ねこ（宮崎・尾鈴山蒸留所）など

いも焼酎に使われるいもは40種類以上ある！

いも焼酎が注目されるようになってきたこともあり、現在、商品の差別化をする意味で、原料のいもの品種にこだわる焼酎メーカーが増えている。さつまいもは非常に品種が多く、40種類以上にものぼる。そこから、コガネセンガンやジョイホワイトに続くいもが模索され、新しいいも焼酎が次々に誕生している。

新たな品種を用いた場合は、ラベルにいもの品種名が記されていることが多いので、チェックしてみよう。

ジョイホワイトの栄養成分
[100gあたり160kcal]

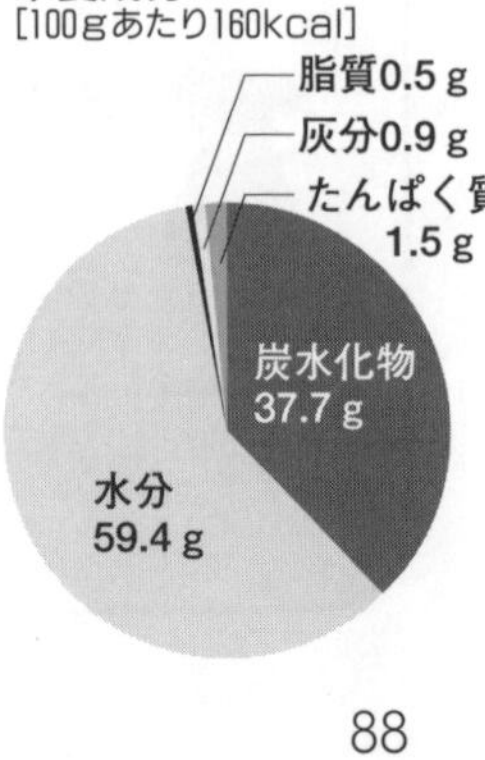

ジョイホワイトは、でんぷんが多く含まれている

いもの形状は、コガネセンガンと同じ紡錘形。形がよく、でんぷん価も高い。ネコブセンチュウに強く、貯蔵性はコガネセンガンより高いが、収穫できる量はまだ少ない。

ジョイホワイトが原料のいも焼酎は、その名の通り、マイルドな味で飲みやすく、気分良く酔い、楽しめる。

いも焼酎造りに使われる、そのほかのおもな品種

品種名	特徴
高系14号	食用の品種で最も多く栽培されている。金時（きんとき）と呼ばれるいももこの品種。鳥取・千代むすび酒造㈱「浜の芋太」など
種子島紫	最も古くからさつまいも栽培が行われてきた種子島で育ち、皮も中身も紫色をしている。鹿児島・種子島酒造「紫」など
シロユタカ	貯蔵性が高く、耐寒性も高く、コガネセンガンの欠点部分を補って改良された品種。鹿児島・大山酒造㈴「伊佐大泉」など
ベニハヤト	β-カロチンを多く含み、中身は鮮やかなオレンジ色。なめらかな舌触りが特徴。鹿児島・薩摩酒造㈱「紅隼人」など
アヤムラサキ	皮も中身も濃い紫色。甘くはないが、焼酎の原料のほかペースト用、パウダー用、発酵食品用などに適している。鹿児島・西酒造「宝山　蒸撰綾紫」など
サツマヒカリ	どんな調理方法によっても甘くならない新しいタイプの品種。鹿児島・田苑栗源酒造㈱「田苑さつまひかり」など

大麦

品種改良が進み、ますますうまくなる

焼酎ブームの火付け役として、一気に人気が高まった麦焼酎。すっきりとした軽やかな味わいとフルーティな香りをもち、広く人々に受け入れられた。麦焼酎の麦は、ビールと同じ大麦が原料となる。大麦は六条大麦[*1]と二条大麦[*2]という二つの種類に大別される。このうち、焼酎やビールの原料となるのは二条大麦である。

麦焼酎の原料の大麦には、オーストラリアなど外国産の麦を用いることが多い。国内産の麦では、ニシノチカラやイシュクシラズといった品種がある。また、品種改良により、平成九年に九州農業試験場で育成されたニシノホシは、従来の品種よりも収穫量が高いうえ、表皮を削り取る作業に要する時間が短いので九州の酒造所では多く用いられている。焼酎造りに最も必要なでんぷんの含有量も高い。

〈おもな麦焼酎〉百年の孤独（宮崎・(資)黒木本店）、いいちこ（大分・三和酒類）、壱岐っ娘（長崎・壱岐焼酎協業組合）、大河の一滴（宮崎・雲海酒造）など

大麦の栄養成分
[100gあたり341kcal]

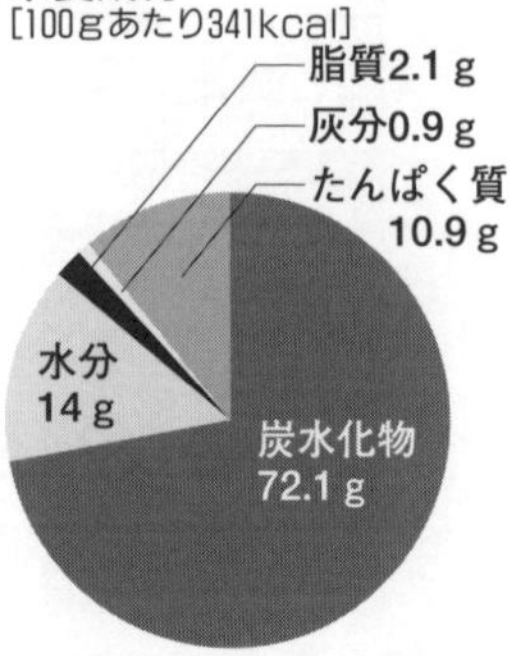

＊1 六条大麦
昔は、炒めて食べていた。現在は、精麦して麦飯、麦みそなどの原料として利用されている。焙煎すると、麦茶をつくることもできる。

＊2 二条大麦
明治時代に、ビールを造る目的に、ヨーロッパから導入された。おもに、焼酎やビールの原料として使用される。消化がよいため、栄養価の高い食品としての利用もある。

粒がやわらかく皮が薄い麦が焼酎になれる

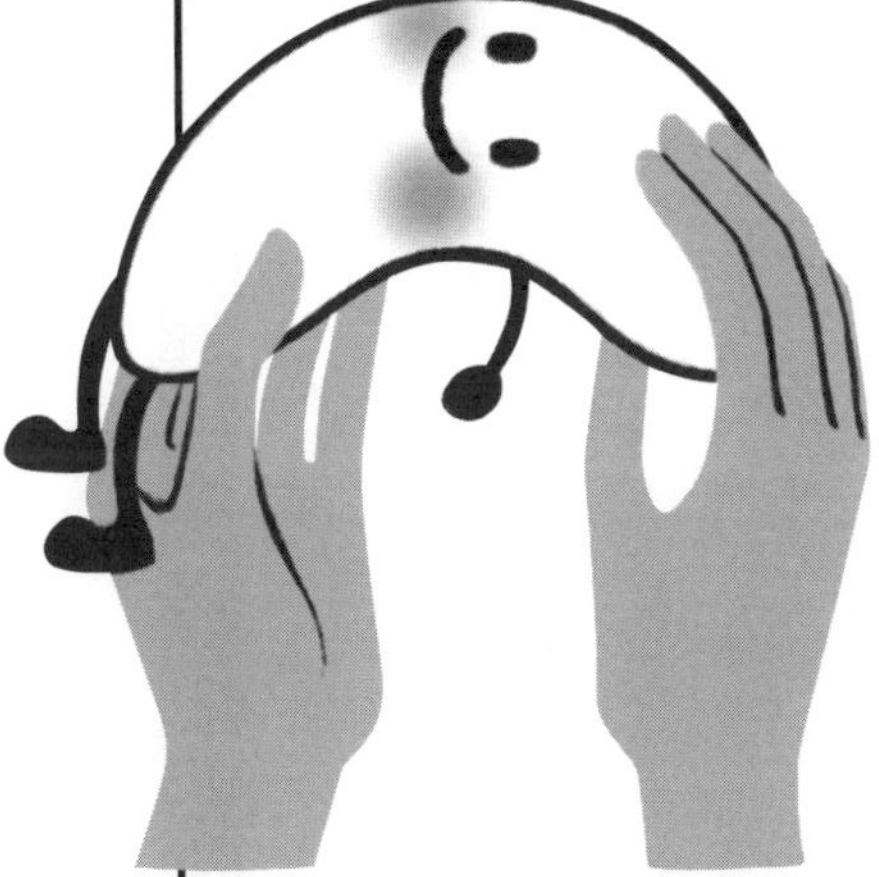

粒がやわらかい。穀皮を削る時間が短くてすむ。また、穀皮を削る作業中に粒が割れたりしない。

表面の穀皮が薄い。削りとる穀皮が少なく、使用できる麦の部分が全体の割合に比べて高い。

たんぱく質含有量が低い。表面の白さも大切だが、含まれるたんぱく質が少ないほど、麦の表面は白いといわれている。

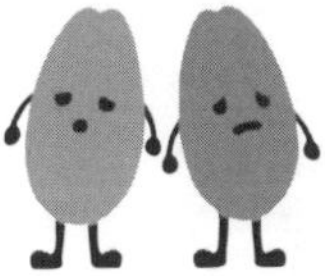

でんぷんの含有率が高い。でんぷんがあればあるほど、分解してできた糖から、より多くのアルコール発酵を促す。

焼酎用の米

日本米がマイルドな焼酎の味をつくる

米が原料の酒といえば、最も生産量が多いのが日本酒[*1]である。しかし、焼酎だって負けてはいない。熊本の球磨《くま》焼酎は、米どころ球磨盆地産の米を原料とし、全国的にその名を知られている。さらに、米をつくっている地域は全国にあるため、米焼酎の産地もまた、全国各地に存在している。

ひとくちに米といっても、その種類は非常に多い。まず、ジャポニカ米、ジャバニカ米、インディカ米の三つの種類に分類される。

そのうち焼酎の原料に使われるのは、インディカ米（タイ米。九四頁参照）とジャバニカ米だ。ジャバニカ米は大粒の品種で、日本米はジャバニカ米に分類される。

焼酎造りに用いられる米のなかには、コシヒカリ、ヒノヒカリ[*2]、山田錦といった食用としての一流品もある。また、米は麹《こうじ》菌を繁殖させる麹米としても用いられる。米は焼酎造りにおいて重要な役割を担っているのだ。

〈日本米を使ったおもな焼酎〉四季の詩（熊本・球磨焼酎(株)）、極醸（熊本・(資)福田酒造商店）、皆空（福岡・(株)喜多屋）など

精白米の栄養成分
［100gあたり356kcal］

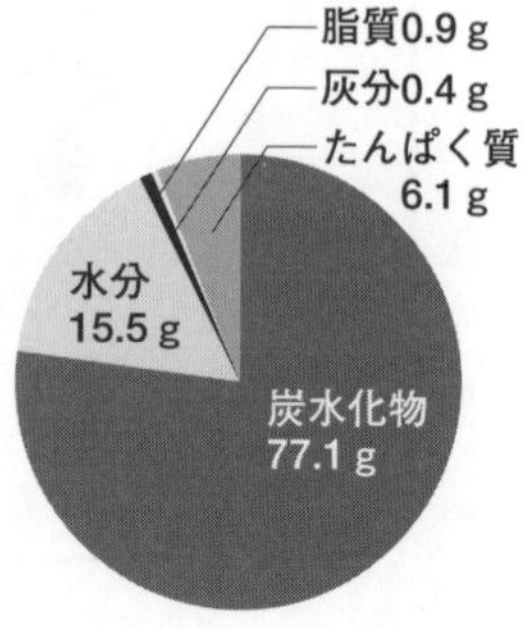

＊1 日本酒
清酒ともいう。発酵して造られるが、焼酎造りでは、その発酵したものをさらに蒸留する点が、造り方における最大の違いである。

＊2 ヒノヒカリ
コシヒカリと愛知四〇号という品種を掛け合わせてつくられた品種。味が良いため、近畿から九州地方で奨励され、つくられている。とくに、熊本県で広く栽培され、食用、焼酎用などに適している。

原料の米づくりにこだわる

米焼酎の本場である、熊本県の球磨地方には、米焼酎造りの原点である米づくりからこだわりをもって取り組んでいる酒造所がある。

●EM農法による米づくり

EM農法とは、有機微生物によって土地の改良から取り組む自然農法のこと。手はかかるが、その分味わい深いふっくらとした旨味をもたらしてくれる。㈴豊永酒造の「完がこい」などに使われている。

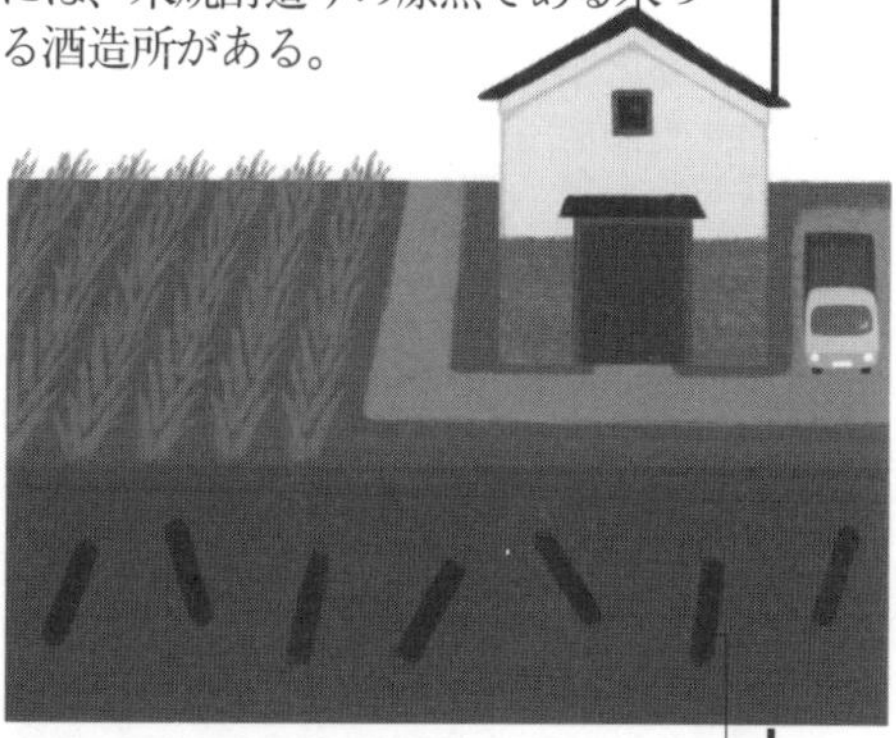

●炭を用いた米づくり

備長炭を酒造所の敷地内や、田んぼに敷き詰める。備長炭の表面にある無数の穴に、微生物が棲みついて不純物を分解し、水質や地質の浄化をする。松の泉酒造㈾の「黒松乃泉」などに使われている。

本格焼酎はカロリーが低い

最近の健康志向により、焼酎は一段と脚光を浴びている。ほかの酒と比べて、焼酎は低カロリーといわれているからである。

5訂食品成分表（女子栄養大出版）によると、甲類焼酎（アルコール度数35度）のカロリーは100mℓあたり206kcal、本格焼酎（乙類焼酎：アルコール度数25度）は100mℓあたり146kcal。甲類焼酎は割って飲むことが多く、ジュースで割ったりするとさらにカロリーが高くなる。

本格焼酎は、お湯割りや水割りにすることが多いので、低カロリーだ。

低カロリーの理由は、焼酎は日本酒やビールに比べて糖質をまったく含まないためである。しかし、飲み過ぎれば、せっかくの低カロリーも生かすことはできない。

タイ米

泡盛の独特の香りと味わいをつくる

インディカ米に分類されるタイ米は、細長い粒が特徴の米である。タイ米というと、炊いても粘り気がなくパラパラとしており、独特の匂いがあるため、あまりおいしくないという印象をもっている人も多いだろう。しかし、泡盛造りはタイ米でなければならないのだ。

一四二〇年頃から行われたシャム（現在のタイ国）との交易から伝わった製法では、当然タイ米を用いていた。泡盛のもつ独特の香りや味わいは、タイ米によるもので、伝統の製法を続ける以上、タイ米は欠かすことができないのである。一時、日本米で泡盛を製造していた時期もあるが、古酒《クース》にするには不向きだった。米の輸入制限があるなか、泡盛用のタイ米だけは変わらず輸入されている。

また、タイ米は麴《こうじ》菌を繁殖させやすいことから、泡盛に限らず、本格焼酎の麴米としても使用されている。

〈タイ米を使ったおもな泡盛〉久米島の久米仙（沖縄・（株）久米島の久米仙）、まさひろ（沖縄・（資）比嘉酒造）、瑞穂（沖縄・瑞穂酒造）など

タイ米の栄養成分
［100gあたり354kcal］

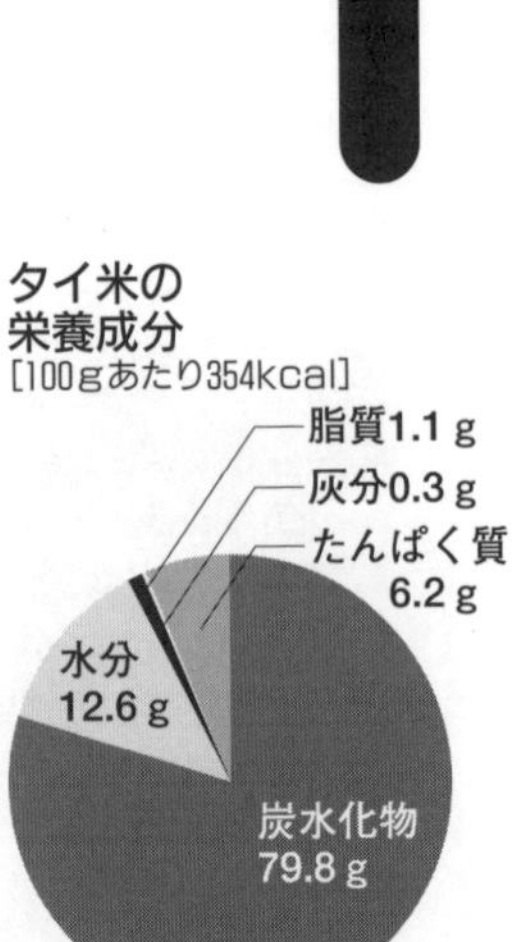

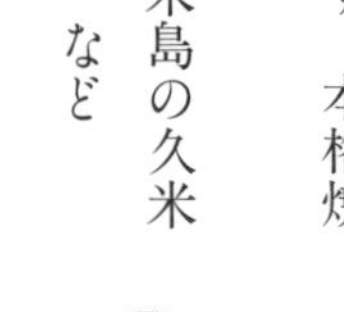

シャムの国で造られた蒸留酒「ラオ・ロン」もタイ米で造られている

琉球に泡盛の製造法を伝えたシャム（タイ国）には、まさに泡盛の原型ともいえる酒、ラオ・ロンという蒸留酒がある。「王の館の酒」とも呼ばれるタイ米で造られたその酒は、香りも味わいも泡盛そっくりだ。というよりは、泡盛がラオ・ロンにそっくりというほうが正しいだろう。

タイ米は、焼酎用と泡盛用の2種類ある

●タイ米のパサパサ感が麹米には最適

水分の少ないタイ米は、食用としてはあまり人気がないが、焼酎・泡盛造りには最も適している。パサパサで、硬質であるため、麹菌が繁殖しやすく、ほかの米と比べて温度管理がしやすい。

●焼酎・泡盛用のタイ米は2種類

砕米…　食用への転用を防ぐために破砕してある。

丸米…　最近新たに輸入できるようになり、原型のタイ米のままで輸入している。

泡盛業界では、用いるタイ米の形状に選択の幅が広がり、商品の差別化につながった。

酒用につくられたタイ米が日本の焼酎界を支える

タイは米の世界最大輸出国で、輸出先のニーズに対応できるように、何段階ものグレードに分けてつくっている。

日本は、米の輸入制限をしているが、酒用のタイ米は特別枠で輸入している。麹米として使う米にいたっては、食用にされないよう砕米にされて蔵元に運ばれていた。タイから輸入されるタイ米に焼酎界は支えられている。

全国各地で栽培されるそば、沖縄と奄美諸島でつくられる黒糖

黒糖焼酎はほんのり甘い香りと洋風のテイストが特徴だが、これは原料の黒糖の賜物である。黒糖はサトウキビの汁を搾り、煮詰めてつくられる。

現在、サトウキビは沖縄と奄美諸島を中心に栽培されている。そこで黒糖も生産されているのだが、上質なため、その多くは砂糖や菓子に用いられ、黒糖焼酎の原料には輸入物が使われるという状況になっている。

そば焼酎の原料はそばだが、日本で栽培されているものは、やせた土地でもよく育つうえ、成育期間も二〜三か月と短いため、全国各地で栽培されている。そばは、麹菌が食い込みにくいため、そば麹をつくることができない。米麹や麦麹を利用しなくてはならないので、残念ながらそば一〇〇パーセントの焼酎を造ることはできない。

〈おもな黒糖焼酎〉里の曙（奄美大島・町田酒造）、奄美エイジング（徳之島・奄美酒類）、有泉（与論島・有村酒造）など。

〈おもなそば焼酎〉雲海（宮崎・雲海酒造）、天照（宮崎・神楽酒造）、天山戸隠（長野・芙蓉酒造協同組合）など。

黒糖の
栄養成分
[100gあたり354kcal]

そば米の
栄養成分
[100gあたり364kcal]

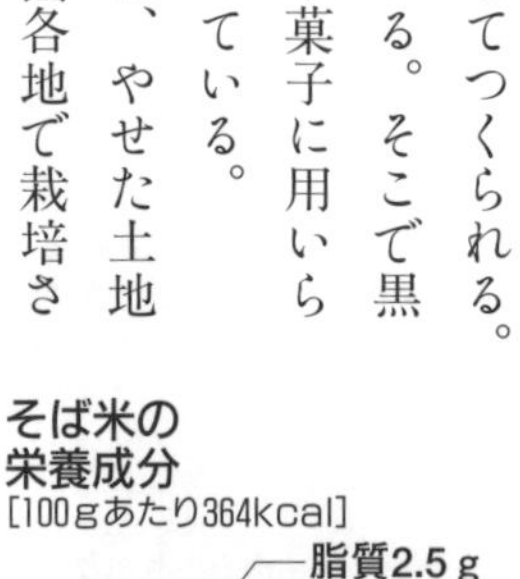

黒糖は体によい

黒糖は、健康食品として知られている。だが、残念ながら、黒糖焼酎にはそれらの成分は含まれていない。

●脳を活性化させる

黒糖は、ビタミンを多く含んでいる。ビタミンが不足すると、イライラしたり、疲労がたまりやすくなる。仕事や勉強の合間に黒糖を摂ればエネルギー代謝を促し、能率が上がるといわれている。

●コレステロールや中性脂肪が低下する

血液中のコレステロールや中性脂肪の増加を抑える作用がある。

水もたいせつな原料のひとつ

●水によって味が変わる

醪《もろみ》をつくる際の仕込み水や、アルコール度数の調節のため最後に加える割り水にどんな水を使うかによって、焼酎の味は大きく変わる。硬水が適しているのはそのため。

●理想の水

鉄分とマンガンが少なく、酵母の繁殖を促す水が理想的。

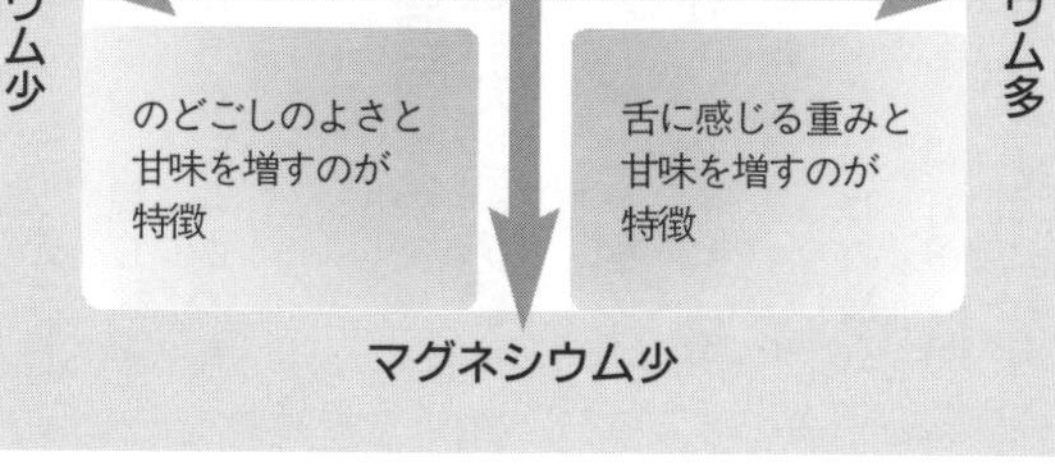
マグネシウム多
カルシウム少
カルシウム多
のどごしのよさと渋味を増すのが特徴
舌に感じる重みと渋味を増すのが特徴

出る杭は打たれる!? 消費を伸ばす焼酎に立ちはだかった問題

ウイスキーがもたらした焼酎の増税と色の規制

焼酎の勢いを阻もうとした増税

右下のグラフを見ると、ビールやウイスキーなど、ほかの酒類の酒税などの負担率が横ばいか、下降線をたどっているのに対し、焼酎だけは上がっている。

これは、焼酎人気に火がつき、消費量が増加すると同時に、焼酎に対する税率も上がったことを示している。平成に入ってすでに五回の増税が行われた。

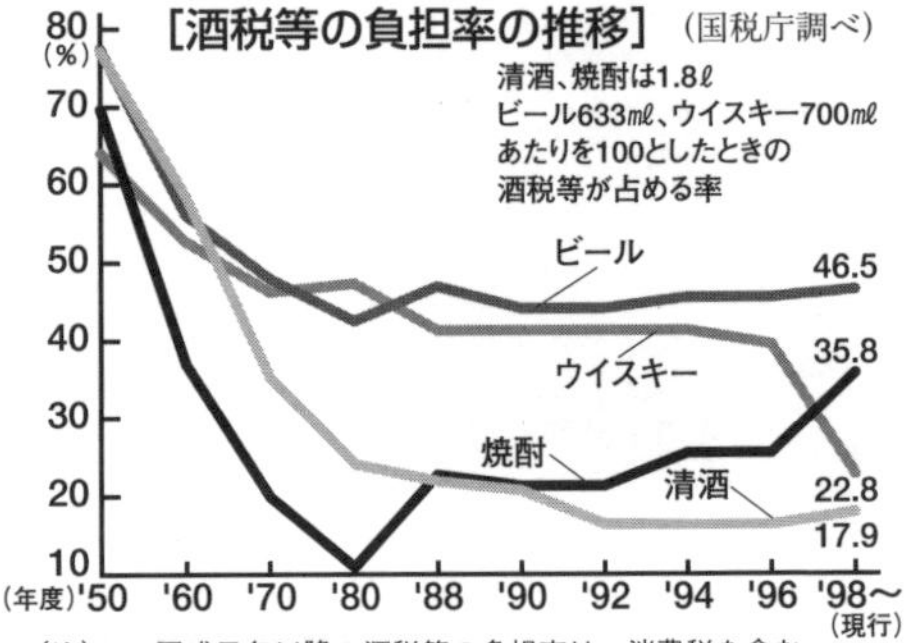

(注) 1. 平成元年以降の酒税等の負担率は、消費税を含む。
2. ウイスキーについては、95年度まではアルコール分「43度」、97年度以降については「40度」で、酒税等の負担率を計算した。

国は消費が伸びてきた焼酎を利用して、財源を確保しようという思惑もあった。だが、それに加えてスコッチウイスキーの本場であるイギリスの政府から圧力をかけられたことが大きい。

同じ蒸留酒なのに焼酎だけ税金が安いのはズルイ、スコッチの消費を拡大するためにも、同じ税率にしてほしいという要望があったのだ。

ウイスキーと区別するために規制された焼酎の色

増税にもかかわらず、焼酎の人気は衰えることなく、さらに上昇し続けた。それがかえって、ウイスキーやブランデーと思わぬ接近戦を招くことになる。樽《たる》貯蔵を行った焼酎が注目されるようになり、人気が上がってしまったのである。

樽貯蔵した焼酎は無色透明ではなく、樽の色がほんのりと移るため、琥珀《こはく》色や薄いべっ甲色になる。見た目はウイスキーやブランデーに近い。

ウイスキーやブランデーと焼酎の区別は、醸造法ではなく、酒の着色の度合いで決定される。焼酎は見た目の色でウイスキーの十分の一程度の濃さまでしか認められていない。

また、カラメルによる着色も禁止されている。あくまで、自然についた色に限られている。

焼酎の香りから樽を感じることがあっても、色から感じることは難しいといえる。


焼酎の色はウイスキーの色の５分の１から10分の１まで薄めなければならない。

キミ、最近ちょっと濃いんじゃない？
焼酎くん
ウイスキーくん

ウイスキーからヒントを得た樫樽焼酎

もともと焼酎は貯蔵して熟成を進めることによって、より味わい深くなることはわかっていた。そのとき、長期間熟成させるにあたって、どんな容器を用いるかが問題となる。そこでヒントとなったのが、同じ蒸留酒であるウイスキーやブランデーの樫樽《かしだる》貯蔵だった。

樽貯蔵すると、焼酎はほのかに琥珀色に変わる。

ただし、この色に関してはすでに述べたように、酒税法に細かく定められている。ところが、この自然についた色に限るという規制がプラスに作用することになる。樽貯蔵で自然に美しい琥珀色がつくまでには、否応なく長期間熟成させることになる。その結果、色や香りが十分につくのを待っていれば、長期熟成を名乗るのに必要な三年以上という熟成期間も、おのずとクリアすることができる。

できあがった樫樽焼酎は、これまでにない新しい魅力をもつ焼酎となったのである。

焼酎でありながら焼酎でない酒「花酒」

　沖縄県八重山《やえやま》列島の西端に位置する与那国島《よなくに》には「花酒《はなざけ》」と呼ばれる酒がある。(名)崎元酒造所「与那国」、入波平酒造「舞富名」などがそれに当たる。原料や製法は泡盛と同じなのだが、この酒はなみはずれて高いアルコール度数のため、泡盛と名乗ることはできない。

　花酒のアルコール度数は六〇度。酒税法上は泡盛のアルコール度数の上限は四五度までだ。したがって、六〇度もある花酒は泡盛と名乗ることができないのだ。

　花酒は、醪《もろみ》を蒸留した時に最初に出てくる初留液《しょりゅうえき》だけを集めた酒で、グラスに注ぐと小さな花が舞うように泡立つことからこの名がつけられた。泡盛がぎゅっと凝縮した濃厚な味わいと、高アルコールのカッとする喉ごしが特徴の南の島の酒である。泡盛と名乗れないため、スピリッツとして販売されている。

　スピリッツには、本格焼酎や泡盛も含まれるが、酒税法では本格焼酎と泡盛を除く、糖類やそのほかのエキス分二パーセント未満の蒸留酒のことを指す。ちなみに、糖類やそのほかのエキス分が二パーセント以上含まれるものはリキュールに分類される。このリキュールにはしそ焼酎「鍛高譚《たんたかたん》」などがある。

花酒の製造は与那国島でしか認められていない。花酒というネーミングといい、クバ巻き（44頁参照）したかわいらしい外見といい、60度という高アルコールの酒だとはとても想像できない。

第四章 焼酎ができるまで

麹によって焼酎の味が変わる

焼酎は、麹《こうじ》によって米やいもなどの原料に含まれるでんぷんを糖質に分解し、発酵させることによってアルコール分をつくりだす。また、雑菌の繁殖や腐敗を防ぐクエン酸をつくる働きも麹によるもの。発酵を起こさせたり、促進させる麹の働きは、焼酎のできあがりに大きく影響する。そのため、麹づくりは非常に重要な作業となる。

焼酎に用いられる麹には、黄麹、白麹、黒麹の三つがある。この名前は胞子《ほうし》の色によってつけられたもの。現在、焼酎造りでは白麹が主流だが、普通泡盛は、黒麹が使われている。最近では、黒麹を焼酎造りに使用する蔵も増えている。

麹は、その色によってできあがる焼酎の風味が変わってくる。主流の白麹は、飽きのこないマイルドな香り、黒麹は、甘味とコクがあり、力強い風味がある。泡盛の独特な香りは、ここから造られている。

焼酎のラベルに「黒麹仕込み」、と書いてあったら、ぜひ飲み比べてみたい。

もっとお酒がおいしくなる話

昔は主婦が焼酎を造っていた

焼酎の仕込みをする職人を「杜氏《とうじ》」というが、その語源は「刀自《とじ》」という言葉に由来する。刀自とは主婦や女房という意味。なぜ、この言葉が語源になったのだろうか。

昔、自家製で焼酎を造っていた頃、その製法は嫁から嫁へと受け継がれた。

男は酔っ払うと口が軽くなって、製法の秘密をしゃべってしまうため、焼酎造りには家庭の主婦が適任だったのだ。

麹のつくり方には3つの製法がある

A 麹蓋法《こうじぶた》

引き込み

蒸して35〜36度程度に冷ました蒸し米を麹室《こうじむろ》(麹をつくる特別な部屋。もろやともいう)に入れる。

床もみ

蒸し米の温度が均一になるようによく混ぜる。適切な温度になったら、蒸し米に種麹を振って、またよく混ぜる。蒸し米を富士山のような形に盛り上げて、一晩置く。

切り返し

麹の温度が上昇したら、盛り上げた蒸し米を広げたり切り返しながら温度と湿度を調整する。

盛り

数時間後、麹蓋(木製の箱)に移して6段ぐらいずつ積み重ねる。

積み替え

積み上げた麹蓋を温度の状態を見ながら、半分ずつ上下を積み替える。

仲仕事

麹の菌糸が繁殖してきたら、さらに混ぜて均一に麹菌が行き渡るようにする。

仕舞い仕事

麹菌の繁殖が進んで温度が高くなってきたら、麹(蒸し米)の厚みを調節する。
数時間おきに麹蓋の積み替えを行いながら、麹の温度が36度程度に保たれるように管理する。
麹づくりには平均45〜46時間かかる。

B 箱麹法《はここうじ》

箱麹法は麹蓋を容量の大きな箱に変えることによって容量を増やし、麹蓋法のように積み替えの作業を何度も行わなくてもいいように省力化したもの(下図参照)。

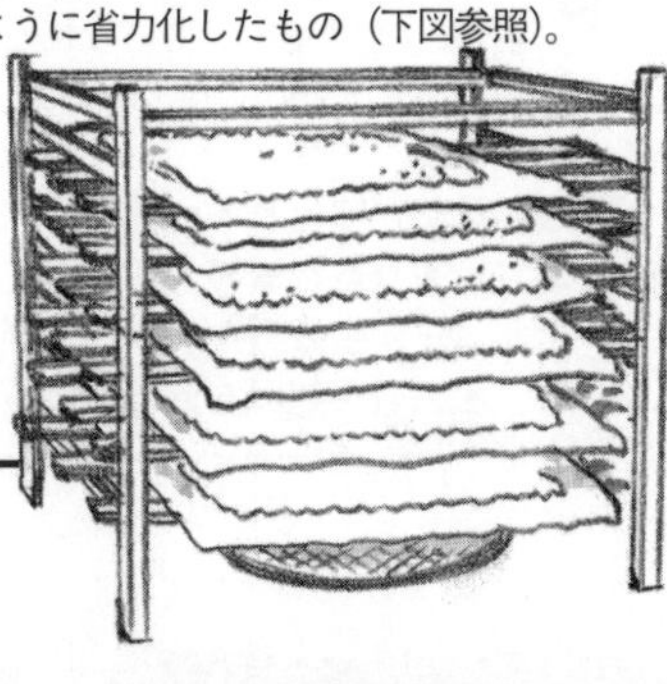

C 床麹法《とここうじ》

床麹法は箱麹法よりもさらに大きな箱にし、床を網にして板をはさみ、その板を取り外すことによって通気管理ができるように改良された方法。これによって「盛り」の作業が楽になった。

微生物の相乗効果がうまい焼酎の下地をつくる

焼酎造りに欠かせないのは麴《こうじ》だけではない。酵《こう》母《ぼ》菌も大切な材料となる。酒類にはさまざまな酵母菌が使われている。

焼酎造りでは仕込みの際に、麴菌と水に酵母菌を加えてアルコール発酵を促す。麴菌は原料のでんぷんを糖質に分解するが、発酵作用には酵母菌が不可欠なのである。ただ、酵母菌には単独では有効に働くことができないという弱点がある。そこで、麴菌に助けられながらその働きを行う。

酵母菌は原料の糖質をアルコールに分解するのだが、もともと体が小さいので大きいままのでんぷんは食べられない。そこで、麴菌の持つ酵素がでんぷんを細かく砕いてブドウ糖の状態にしてくれる。それを酵母菌がせっせと食べるのである。こうしてアルコールの生成量を増やし、うまい焼酎の下地をつくる。麴菌と酵母菌は強力タッグを組んで、焼酎造りの要の部分を担っているのである。現在、焼酎酵母には優良焼酎酵母と呼ばれる数種がある。焼酎造りに適した条件を満たしたものだ（左図参照）。

また、最近では「花酵母」*1の存在が注目されている。

もっとお酒がおいしくなる話

優良焼酎酵母と呼ばれるには？

現在、焼酎造りに用いられる優良焼酎酵母は４つあり（左頁参照）、各地域の蔵で用いられている。

優良焼酎酵母と呼ばれるためには、土地の気候に適しており、すぐれた繁殖力をもっていること。そして、アルコール生成量が多いことが求められる。ちなみに、蔵独自の酵母を使っているところもある。

＊1 花酵母　東京農大の中田教授の研究によって、花から天然酵母を採取する技術が開発された。現在実用化されているのは、なでしこ酵母、にちにち草酵母、ベゴニア酵母、アベリア酵母、つるばら酵母の五種類があり、清酒・焼酎造りに用いられている。

酵母菌が糖分をアルコールに変える

1 酒造りにはそれぞれ適した酵母菌がある。清酒には清酒酵母、ワインにはワイン酵母、ビールにはビール酵母がある。焼酎に使われるのは焼酎酵母である。

2 焼酎酵母には、宮崎県酵母、鹿児島県酵母、協会焼酎酵母2号、泡盛1号酵母などがある。

3 酵母菌は糖質をアルコールに変える働きを担っており、その働きにアルコール生成量がかかっている。

4 酵母菌は、ほかの菌類やカビ、バクテリアなどとの生存競争に勝ち残ることが必要。そのためには図のような4つの条件を満たし、さらにライバル菌である乳酸菌を利用する。途中までは乳酸菌の酸でほかの菌から守ってもらい、最終的には酵母のつくったアルコールで乳酸菌を消滅させる。

●酸素があってもなくても生育できる

酸欠の環境でも、生き残って活動できる。酸素を必要とするカビや微生物などとの生存競争に有利。

●レモン並の酸性に耐えられる

雑菌やバクテリアの繁殖を抑える酸性に耐性をもつ。アルコール発酵を有効に進めることが可能になる。

●濃い糖分に強い

焼酎の醪《もろみ》は糖分の濃度が濃い。これもバクテリアにとっては生存が難しい環境となる。濃い糖分にも強い酵母であることが必要となる。

●多量のアルコールを生産し、それに耐えられる

アルコールを造るだけでなく、アルコール自体に強いことも大事。アルコール発酵が進み、ほかの菌は死んでも、酵母菌は生き残ることができる。

大量生産を可能にした連続式。昔ながらの味わいを守る単式

私たちが飲んでいる焼酎は大きく二つに分けられる。「甲類焼酎」と「乙類焼酎」である。その区別は、焼酎を蒸留する際の方式による。甲類焼酎は連続式蒸留機によって、乙類焼酎は単式蒸留器で蒸留される。連続式は明治時代に誕生した製法、単式は、昔ながらの伝統の製法である。

この分類は一九四九年当時の酒税法[*1]による。「甲」「乙」とついていると、いかにも乙より甲がすぐれているという印象を受けるが、その理由は生産量の差にあった。当時、生産量に限りのある単式よりも、大量に生産が可能な連続式による焼酎のほうが、生産量が多い分、税収的には国にとって有利であった。そのため、連続式による焼酎を「甲類」としたのである。

甲類焼酎はホワイトリカーとも呼ばれ、無味無臭に近い。サワーや酎ハイに用いられ、それだけで味わうことは少ない。

一方の乙類焼酎は原料の風味や香りを色濃く残し、銘柄ごとに違う味わいがある。お湯割りやロックにして焼酎そのものを味わえる。現在の焼酎ブームの主役はこの乙類焼酎である。

＊1 酒税法
酒税を徴収するために施行された税法。アルコール分一度以上の飲料に対して課税される。かつては甲類のほうが酒税が高かったが、二〇〇〇年より甲類と乙類の税率は同額となった。

「本格焼酎」でイメージを変える

甲類焼酎と乙類焼酎。この分類名は、いかにも乙類が劣っているかのようなイメージを受ける。伝統の製法で造られ、飲みつがれてきたというプライドをもつ生産者たちにとって、乙類という呼び名はどうにも納得できない。そこで、マイナスのイメージを払拭し、甲類との違いをアピールするために「本格焼酎」という名前が考えられた。

1971年より「本格焼酎」の表示が認められている。

甲類焼酎と乙類焼酎。これだけ違う蒸留方法

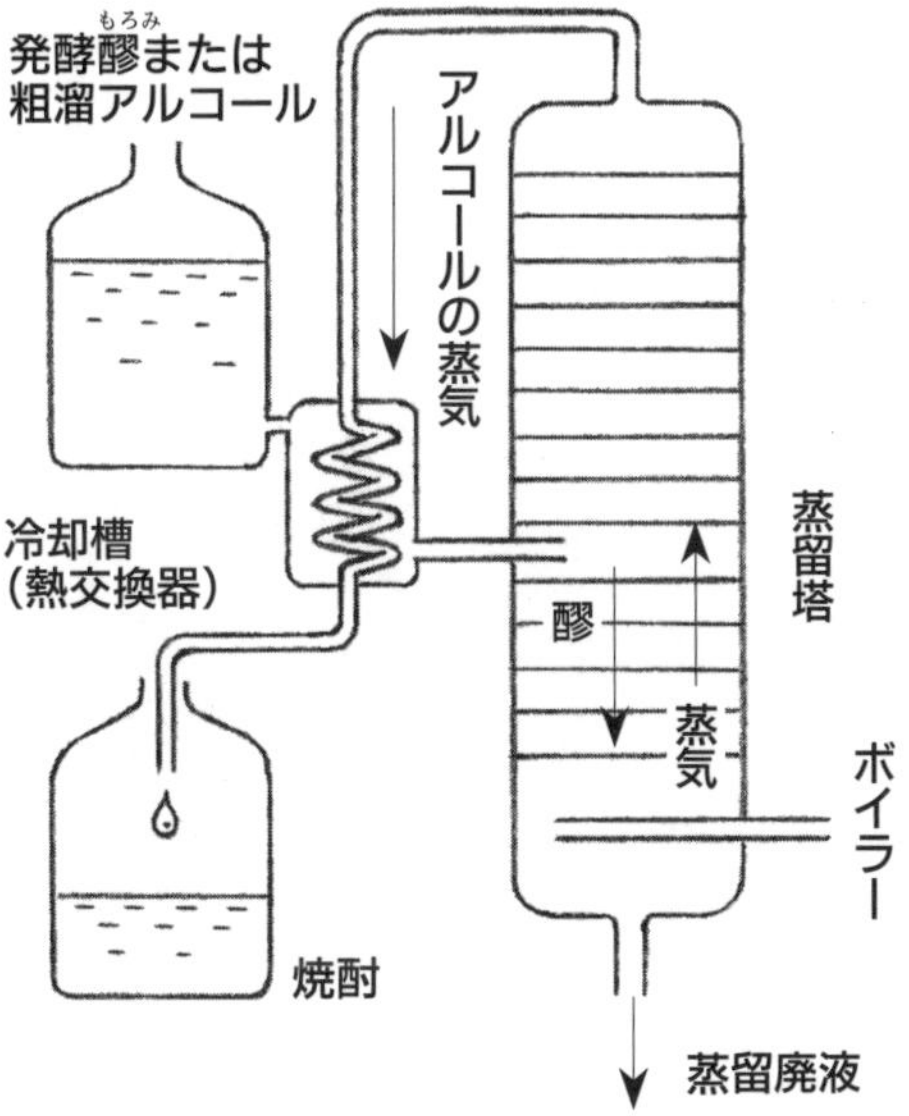

●甲類焼酎——連続式蒸留機

アルコール含有物を連続式蒸留機で蒸留したものを、水でアルコール度数36度未満に薄めた焼酎。連続して蒸留することによって、アルコール以外の成分を効率よく、完全除去でき、純度の高いアルコールを抽出できる。

ちなみに、36度以上のものは原料用アルコールとしてウイスキーにブレンドされたり、リキュールの原料として用いられる。

なお、「ホワイトリカー」という呼び名は、以前ウオッカなどのスピリッツに押されて、売り上げが伸び悩んでいた時に洋酒に対抗するためにつけられたもの。

●乙類焼酎（本格焼酎）——単式蒸留器

アルコール含有物を単式蒸留器で蒸留し、水でアルコール度数45度未満に割ったもの。

製法上、1回しか蒸留しないため、原料の風味が色濃く残り、独特の味わいがある。また、乙類焼酎は、地域の特産品を原料とし、伝統の製法によって造られている。なお、沖縄の泡盛も乙類焼酎に含まれるが、公正競争規約によって焼酎ではなく「泡盛」という単一の名称が指定されている。

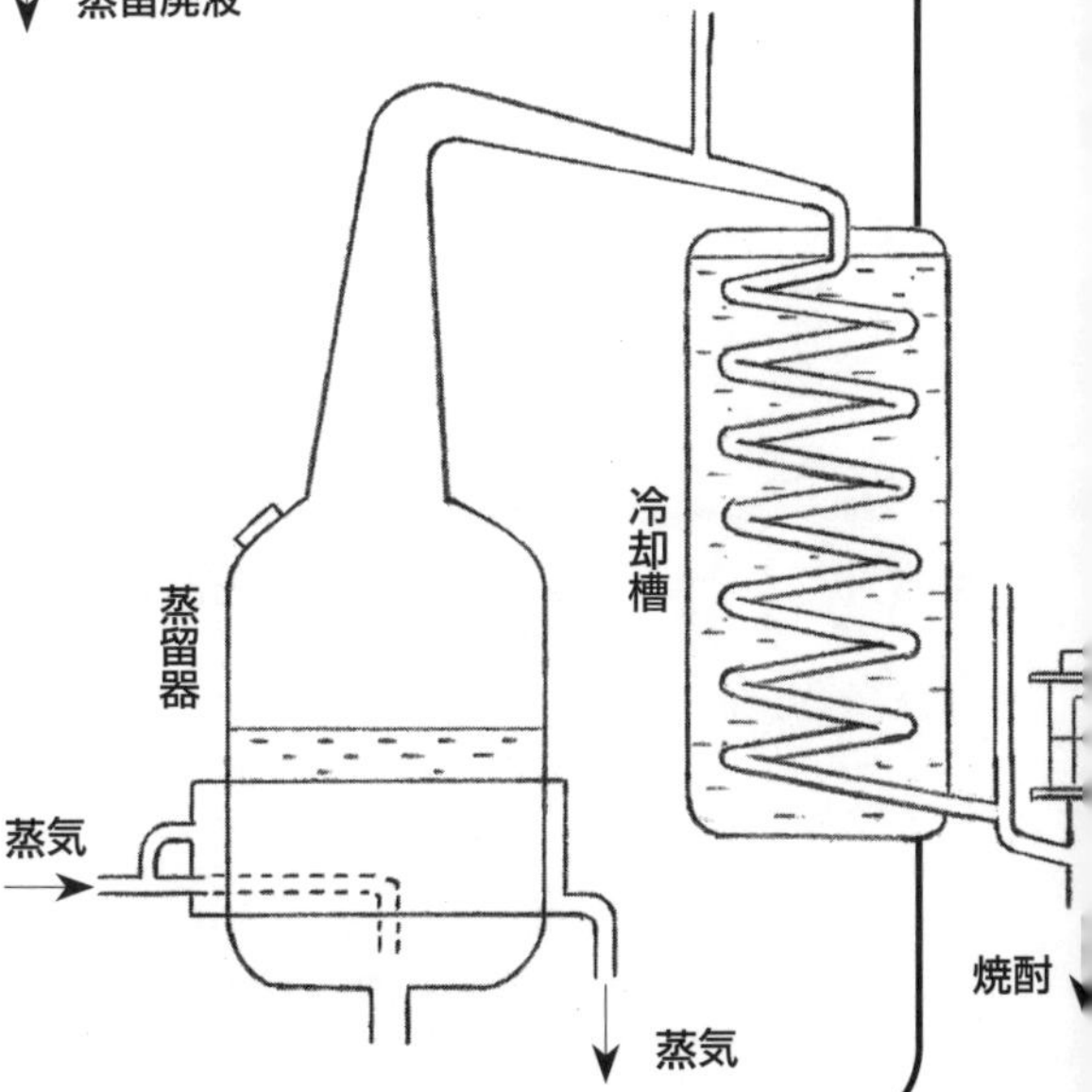

「くせがなく飲みやすい」焼酎に変えた減圧蒸留

単式蒸留方式のうち、減圧蒸留は比較的近年登場した方法である。

ふつう、地上の平均気圧は一気圧で、この場合は水は一〇〇℃で沸騰する。ところが、気圧が下がってくると沸点も下がる。これを利用したのが減圧蒸留である。常圧蒸留では醪《もろみ》は九〇℃程度で沸騰するが、蒸留器内を真空にして気圧を下げると沸点が下がり、五〇℃ぐらいで醪を沸騰させることができる。こうして低温下で蒸留するのだ。

最大の特徴は、低温で沸騰するため、醪のやわらかな香りがそのまま生かされるという点である。また、雑味成分が少なく、くせのない軽やかな味わいに仕上がる。かつて、焼酎といえば、強いくせのある独特の風味が特徴であったため、たくさんの人に受け入れられるタイプの酒ではなかった。しかし、減圧蒸留の焼酎はそんな人々にも飲みやすい酒として、焼酎のイメージを一新させるのに役立った。

減圧蒸留は米や麦、そばといった穀類が原料の焼酎で多用されており、現在の焼酎ブームの火付け役ともなった焼酎を生み出したのである。

もっとお酒がおいしくなる話

アリストテレスが発見した蒸留技術

アリストテレスといえば古代ギリシアの哲学者として知られるが、彼なくしては蒸留酒を語ることはできない。なぜなら、アリストテレスこそが、最初に蒸留の原理を発見したからだ。蒸留技術は金銀の錬金術へと発展していった。本格的に蒸留酒が登場するのは13世紀のフランスでのことだが、そのおおもとはアリストテレスだったのである。

イオン交換が本格焼酎をますます飲みやすくさせた

イオン交換とは、イオン交換樹脂という、特定のイオンしか通さない膜を使用し、電気分解を行って目的の成分のみが入った液体を得る方法のこと。この方法は、1970年代に麦焼酎に初めて利用され、飲みやすい酒として受け入れられたのがきっかけとなり、その後急激に普及した。

［イオン交換膜法］

蒸留したての原酒は、油性成分が多く、白濁していてなめらかではなく、荒れた酒質をしている。そこで、焦げ臭の成分であるアルデヒド類やフーゼル油を通さないイオン交換樹脂を使って、電気分解を行う。これらの成分と同じ電子をもつ成分は、イオン交換樹脂を通り、アルデヒド類やフーゼル油と引き離される。
その結果、アルデヒド類やフーゼル油などのにおいが取り除かれた、くせがなく香りの良い焼酎ができる。

高級な酒には外せないフーゼル油

「油とり」原酒の表面に浮き出るフーゼル油をすくい取る道具。料理の時に使う裏ごし器に柄をつけたもの。

「フーゼル油」とは、焼酎を語る時によく出てくる用語だが、これは、酵母がアルコール発酵を起こした時にできる副産物で、高級アルコール類の総称のことだ。

フーゼル油には、イソアミルアルコール、イソブチルアルコール、イソプロピルアルコールなどがあり、焼酎だけでなく、ウイスキーやブランデーにはとくに多く含まれている。むしろ、高級酒には欠かせない成分といえる。いずれも特有の刺激的な香りを醸し出す。また、イソプロピルアルコールは辛味を、イソブチルアルコールは苦味を、イソアミルアルコールはかすかな苦味をもつ。つまり、焼酎の味にも良い意味で大きく影響している。

焼酎の蒸留方法③

原料の香りを十分に残す 昔ながらの方法、常圧蒸留

軽快でくせのない飲み口の焼酎を造る減圧蒸留に対し、昔から行われているのが常圧蒸留である。

常圧蒸留は、やかんでお湯を沸かすのと同じ原理である。醪《もろみ》に高温の蒸気を当てて九〇〜一〇〇℃に沸騰させ、アルコール分や微量成分を気化して取り出す方法だ。減圧蒸留に比べて高温で行うため、焦げ臭の元となるフルフラールなど、多くの微量成分が出てきてしまう。そのため、減圧蒸留のようなくせのない軽やかさはなくなるが、芳醇で豊かな風味は色濃く残る。原料の香りが十分に楽しめるのも常圧蒸留の長所といえる。

減圧蒸留[*1]が登場する前まではほとんどの焼酎が常圧蒸留だったが、現在はさつまいもや黒糖、泡盛といった強い個性をもつ焼酎を中心に行われている。米や麦といった穀類の焼酎では減圧蒸留に切り替えたところも多いが、昔ながらの常圧蒸留を続けている蔵もある。

常圧蒸留は古くからの技術だが、減圧蒸留よりも劣っているということではなく、個性をもった焼酎造りには欠かせない蒸留方式なのである。

＊1 減圧蒸留が登場する前
減圧蒸留が登場したのは、一九七五年頃。それ以前の焼酎はすべて常圧蒸留で行われていた。

もっとお酒がおいしくなる話

「ちんたら」という言葉を生んだ単式蒸留器

「ちんたら」とは、のろのろとして物事が進まない様を表現する言葉だが、その語源は焼酎の単式蒸留器に由来する。というのも、昔の単式蒸留器では蒸留された液体が1滴ずつ、たらたらと垂れてくるのを集めていた。その様子がのろのろとして非常に時間がかかったため、単式蒸留器そのものを「ちんたら」と呼ぶようになったのである。

常圧蒸留の原点——木樽蒸留器のしくみ

現在、蒸留器の多くはステンレスなどの金属製が主流だが、昔ながらの木樽蒸留器を復活させた蔵もある。木樽蒸留器の特徴は、金属製のものに比べて熱伝導率が劣るが、そのぶんゆっくりと熱が発散され、木樽の隙間からガスやアルコールが微量ずつ抜けるため、やわらかい風味に仕上がる。また、木の香りが焼酎に残るため、金属製の蒸留器にはない個性も生まれる。問題点は、現在、木樽をつくれる職人がごくわずかということ。伝統の味を守っていくには蔵だけでなく、道具の職人の支えも必要なのである。

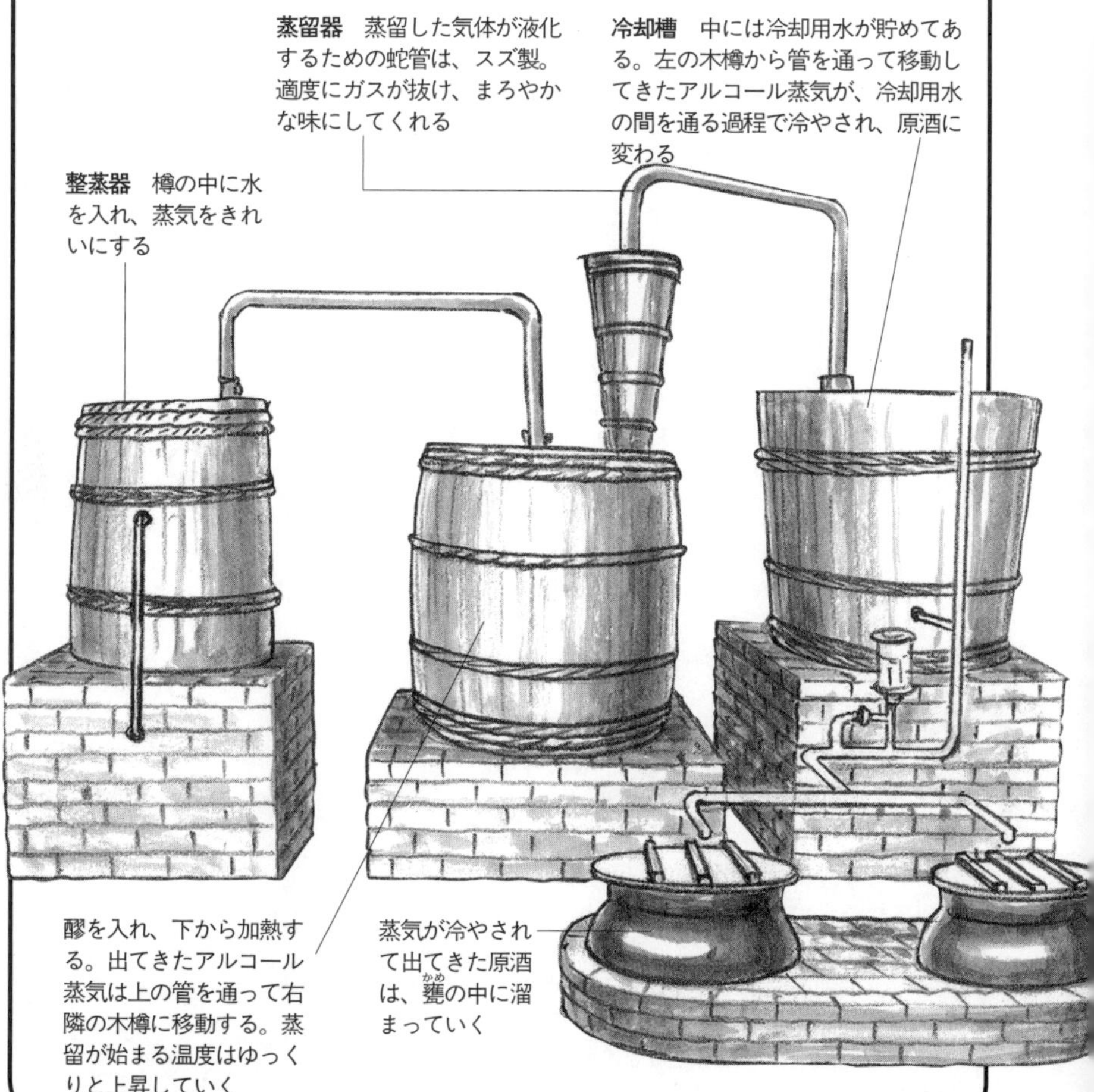
蒸留器　蒸留した気体が液化するための蛇管は、スズ製。適度にガスが抜け、まろやかな味にしてくれる
冷却槽　中には冷却用水が貯めてある。左の木樽から管を通って移動してきたアルコール蒸気が、冷却用水の間を通る過程で冷やされ、原酒に変わる
整蒸器　樽の中に水を入れ、蒸気をきれいにする
醪を入れ、下から加熱する。出てきたアルコール蒸気は上の管を通って右隣の木樽に移動する。蒸留が始まる温度はゆっくりと上昇していく
蒸気が冷やされて出てきた原酒は、甕《かめ》の中に溜まっていく

貯蔵方法、貯蔵年数の違いが口当たりや香りに反映する

蒸留してできた焼酎は、すぐに出荷されることはない。蒸留直後は、まだ酒質が安定しておらず、おいしい焼酎になっていないからだ。蒸留後、一定の期間貯蔵して、酒質を安定させることが必要となる。

焼酎の貯蔵期間は一～三か月間が一般的だが、熟成を目的とする場合はさらに長期間に及ぶこともある。なかでも「長期貯蔵（＝古酒《クース》）」と表示できるのは、三年以上貯蔵熟成させたものだけである。

また、泡盛のように長期間熟成させるほど風味が増すものは、五年、一〇年、あるいは数十年寝かせることもめずらしくない。

焼酎の貯蔵は、その容器や保管場所が蔵によって違い、それが焼酎の個性にも反映される。貯蔵に用いる容器は、甕《かめ》、タンク、樽《たる》という三つに大きく分けられる。容器は、とくに酒質に大きく影響するため、こだわっている蔵が多い。また、貯蔵する場所を工夫している蔵もある。洞窟《どうくつ》やトンネル跡、なかには防空壕《ごう》跡を利用するなどだ。貯蔵する環境の湿度や温度の変化が少ないほうがよいため、保管場所が選ばれるのである。

もっとお酒がおいしくなる話

地形を生かして行われる鍾乳洞での貯蔵

常夏の沖縄では、涼しい鍾乳洞《しょうにゅうどう》を貯蔵場所にしている蔵がある。ひんやりとして、温度と湿度が低値安定しているため、うってつけの貯蔵場所なのだ。

また、福岡県黒木町には９つの蔵が共同で、旧国鉄のトンネルを麦焼酎の貯蔵場所にしている。

自然の地形や古いものをうまく利用して焼酎造りが行われているのだ。

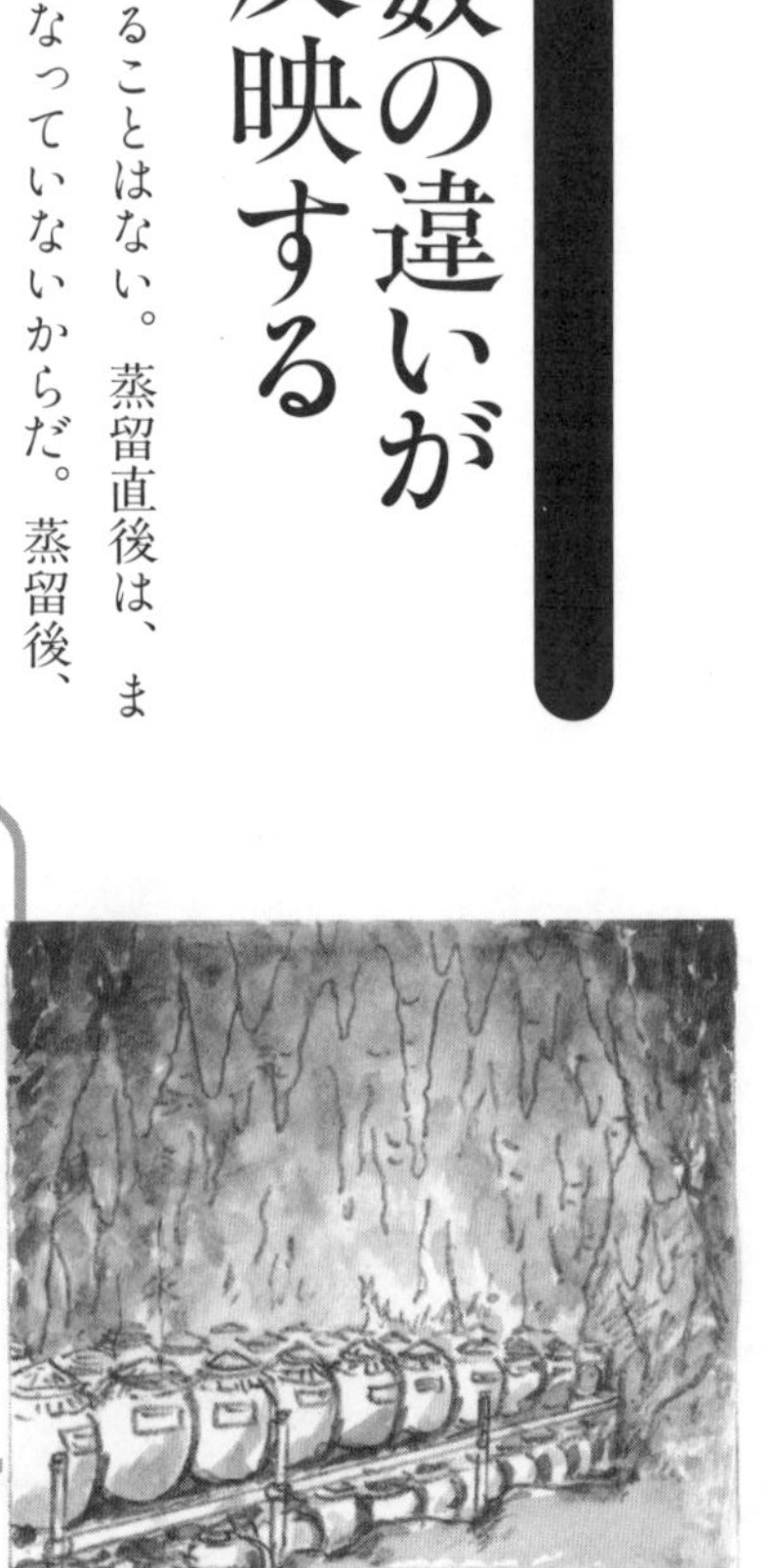

貯蔵容器によって味も変わる

●甕——口当たりをまろやかにする

素焼きの甕を用いる。タンクが普及する以前は甕貯蔵が一般的だった。素焼きの甕には、無数の微小な気孔があり、それによって甕の中の焼酎が呼吸できるため熟成が進み、まろやかな仕上がりになるといわれる。

また、遠赤外線効果や、甕から溶け出す無機物の触媒効果によって熟成が促進される効果も期待できる。泡盛の古酒は昔から南蛮甕と呼ばれる甕で貯蔵されてきた。最近ではいも焼酎を甕貯蔵する蔵も増えている。

●タンク——容器のにおいが移りにくい

現在、最も多く用いられている。ステンレス製やホーロー製のタンクで、大容量のものが多い。焼酎に容器のにおいが移りにくいというメリットがある。

タンク貯蔵では、蒸留したての焼酎に多く含まれる揮発性のガス臭を攪拌《かくはん》して熟成させる。ただし、熟成スピードは甕貯蔵や樽貯蔵に比べて劣る。屋内、屋外両方に設置することができるが、屋外の場合は短期間の貯蔵に適している。

●樽——樽の香りがついて個性的な味に

ウイスキーのように木製樽に貯蔵する方法。用いる樽は、ウイスキー樽やシェリー樽、新樽などがある。

樽貯蔵をすると、無色透明の焼酎や泡盛に、ウイスキーのような琥珀色と樽の香りをつけることができる。なかには、甘いバニラの風味がつき、より個性的な仕上がりになっているものもある。

ブレンド

ブレンダーによって原酒が風味豊かな焼酎に変わる

蒸留し、貯蔵してできた焼酎の原酒[*1]は、そのままではまだ商品にはならない。銘柄ごとに数種類の原酒をブレンドして、銘柄にふさわしい味と風味に仕上げる。その作業を行うのがブレンダーである。

ブレンドするには、銘柄ごとにメインとなる原酒があり、それに数パーセントずつほかの原酒を加えながら味を決めるのだが、まずはブレンダーが少量で小実験を行い、配合の割合を検討する。小実験でできた焼酎を蔵の責任者らが検討し、その年の焼酎の味を決定する。そして、小実験をもとに決定した配合をタンク全体で行うのである。とくに、蔵を代表するような銘柄のブレンドには神経を使う。その年にできた原酒で蔵の顔ともいえる味を造りあげ、伝統を守っていかなくてはならないからだ。

ブレンダーは蔵の新しい商品開発にも重要な役割を果たす。ブレンドによって、これまでにない新しい焼酎造りにも挑戦していかなくてはならないのである。ブレンダーは、蔵で造られる焼酎の特徴を知り、化学的な知識と経験で焼酎造りを支えているのだ。

＊1 焼酎の原酒 焼酎の原酒のアルコール度数は、米や麦の場合は四三～四四度、いもの場合は三七～三八度。原酒をブレンドしたのち、割り水（一二二頁参照）を加え、アルコール度数二五度前後に調整して完成となる。

もっとお酒がおいしくなる話

「初垂れ」は豊かな香りが楽しめる

醪《もろみ》を蒸留して最初に出てくる焼酎原酒のことを「初留《しょりゅう》」または「初垂《はなだ》れ」という。初留はアルコール度数が最も高く、60度もある。ただし、蒸留が進むにつれてアルコール度数は下がり、全体的に混ざるといもの場合は37～38度程度になる。焼酎の特徴は初留液ごと使えること。なかには、初留だけを集めた焼酎もある。アルコール度数は高めだが、濃縮された豊かな香りが味わえる。

ブレンダーが焼酎の味を左右する

●ブレンドをする際に必要なもの

蔵で造っているタンクごとに違う原酒、シリンダー、ビーカー、マドラーを用意する。

●ブレンドを行う際には配合に注意

原酒の生産量、残量を計算しながら配合の割合を考える。この計算を誤ると、途中で焼酎の味が変わってしまうため、注意が必要。
味に敏感でいるために、空腹時や食後にブレンドの作業を行うのは避ける。

●ブレンドの方法

原酒の特徴を把握し、配合する。配合の割合を変えて、利き酒しながら目指す味をつくっていく。

●ブレンダーになるには

いろいろな焼酎を利き酒して舌を鍛えておくことが大切。体調管理を徹底し、常に同じ状態で判断できるようにしておく。

地域に生かされる蒸留粕

エコロジーの概念が浸透しつつある昨今では、企業にもその精神が求められるようになってきた。ゴミや産廃物を減らしたり、再利用する循環型の焼酎造りを目指す蔵や製造所が増えている。

かつては、焼酎の蒸留後に残った醪《もろみ》は、海や川で魚のエサとしてまかれていた。現在では、家畜のエサとして再利用されるようになっているところが多い。

また、醪を使って酢を造り、「もろみ酢」として販売されている。

焼酎の原材料はすべて自然のものなので、捨てるものはほとんどないのだ。

本格いも焼酎と名乗れる日を迎えるまで

原料の風味や味わいを残しながら、澄みきった美しい酒に仕上げる焼酎造りの過程を知っておくと、味わいもまた深まるはず。

ここではいも焼酎の製造法を例にあげて解説しよう。

●洗米・浸漬《しんせき》

焼酎造りの最初の作業は、麹《こうじ》菌を培養するのに用いる米を洗う「洗米」である。
洗米後は、米を水に浸して水分を吸収させる。
浸けて置く時間は、水質やその日の気温によって微調整が必要なため、杜氏が決める。
米は輸入もののタイ米を砕いた砕米や国産のくず米、加工用多用途米が用いられる。

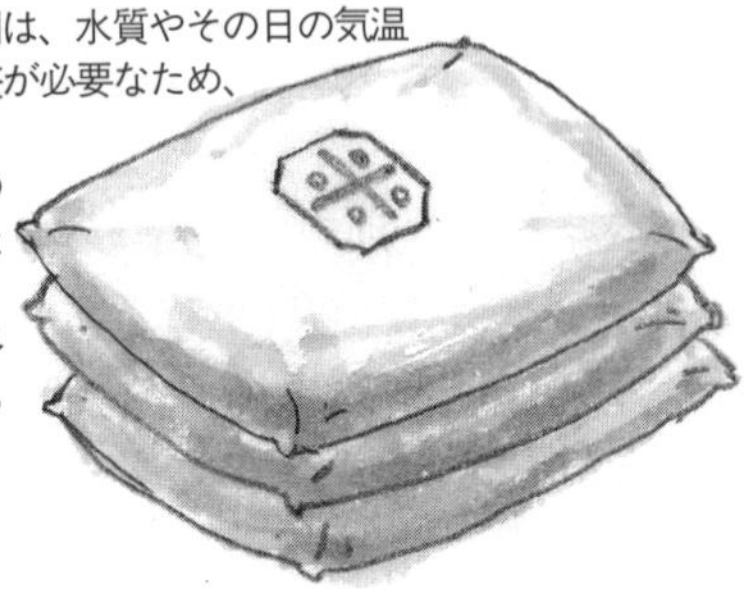

麹米の調達
1日目

洗米・浸漬

さつまいもの収穫

●さつまいもの収穫

さつまいも畑での収穫作業は、現在は機械化が進んでいる。
1回の仕込みで数トンものさつまいもが必要なため、手作業では追いつかないからだ。
収穫は仕込みの前日に行われ、新鮮な掘りたてのさつまいもが使われる。
さつまいもは泥付きのまま製造所へ搬送される。

●種付《たねつけ》

蒸し米を35～40℃程度に冷ましてから、麹菌（種麹）を手作業で振りまく。

さらに、麹菌の菌糸が蒸し米にくい込むようによく混ぜ込む。

●米蒸し

米の水気を切ったら、蒸し米にする。昔の蒸し器は木桶のような形のもの（甑《こしき》という）を使っていたが、現在は自動で蒸す。

強い圧で蒸気を吹き付けながら蒸すが、途中で送風をかけて冷まし（放冷）、打ち水をして数回蒸す。これは、使用するタイ米が固いので、麹菌の胞子がつきやすくなるようにやわらかく蒸し上げるためだ。

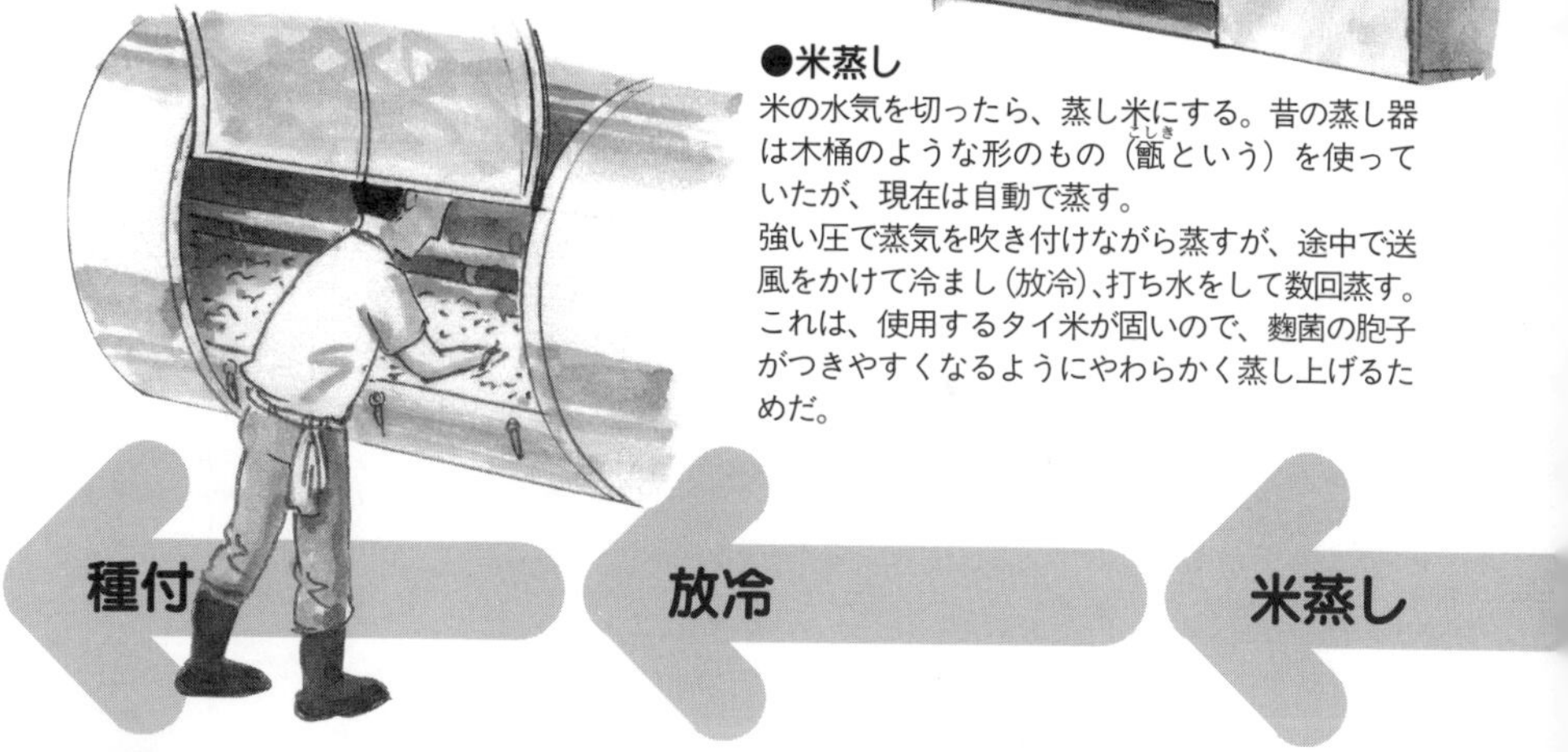

●さつまいもの受け入れ

トラックに積まれたさつまいも袋をベルトで吊って機械に投入する。この機械からベルトコンベアーにのってさつまいもが運ばれていく。運ばれながら、さつまいもについた泥や汚れは水できれいに洗い流される。

●さつまいもの選別

ベルトコンベアーで運ばれたさつまいもは、人の目で選別される。傷んでいるさつまいもや変色したさつまいもはここで取り除かれる。さつまいもの選別は機械任せにはできない。数人がかりで行われる。

さらに、選別されたさつまいもは両端をカットしたり、傷んだ部分を切り取る。これも手作業で行われる。

さつまいもの品質が焼酎の仕上がりに影響するため、選別と下準備は重要な作業である。

●製麴《せいぎく》

種付《たねつけ》の後、自動製麴機のなかで一定の温度で管理して1日寝かせておくと、蒸し米に麴菌が繁殖してくる。

できあがった麴は、2日目に仕込みに使われる。

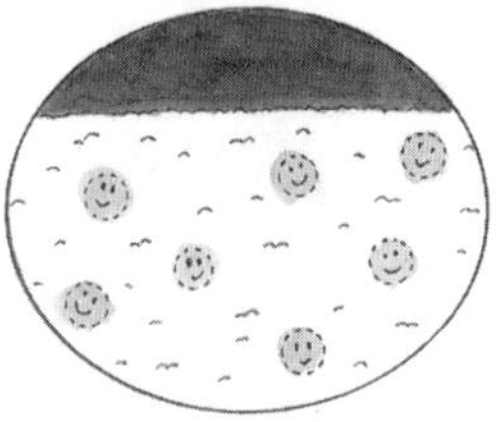

●手作業で麴菌をつくると（103頁参照）

昔は製麴はすべて手作業であった。現在でも伝統的な手法で焼酎造りを行っている蔵では、麴づくりは、専用の部屋で手作業で行われる。

この場合は、麴菌を混ぜ込んだ蒸し米を麴蓋に小分けにして、蒸し米の熱を発散させるなどの作業がある。麴づくりにはおおよそ40時間も要する。

製麴

2日目

自動計量

いも焼酎は手間がかかる

同じ焼酎造りでも、麦や米に比べて、いも焼酎造りは手間がかかる。原料として最適なさつまいもを選別する作業は、いくら機械化の進んだ現代でも、人の手によってでしか行えないからだ。

おいしいいも焼酎が飲めるのは、蔵の人たちの苦労の結果なのである。

●自動計量

選別され、下処理されたさつまいもを自動計量機にかける。1回の仕込みに使用されるさつまいもを計量したのち、蒸し器へ運ばれる。

●さつまいも蒸し

さつまいも蒸し機に投入されたさつまいもは皮つきのまま蒸す。冷ましてから機械で細かく砕く。

最近では特徴を出すために、さつまいもの皮をむいたり、さつまいもを蒸さず焼いて用いる蔵もある。原料の風味が色濃く残る本格焼酎では、下準備の違いができあがりに大きく影響する。

●一次仕込み

仕込み用のタンクに麹と水、焼酎酵母を投入する。櫂《かい》棒でよく攪拌《かくはん》しながら作業を行う。25〜30℃の温度を保ちながら、6〜8日間かけて「一次醪《もろみ》」をつくる。

麹がつくるクエン酸が雑菌の繁殖を抑え、麹菌が分解したブドウ糖を栄養にして焼酎酵母が増える。この時ブドウ糖からアルコールが造られる。

一次仕込みの段階では醪は白っぽい色をしており、フワフワと麹が浮かんでいるのが見える。

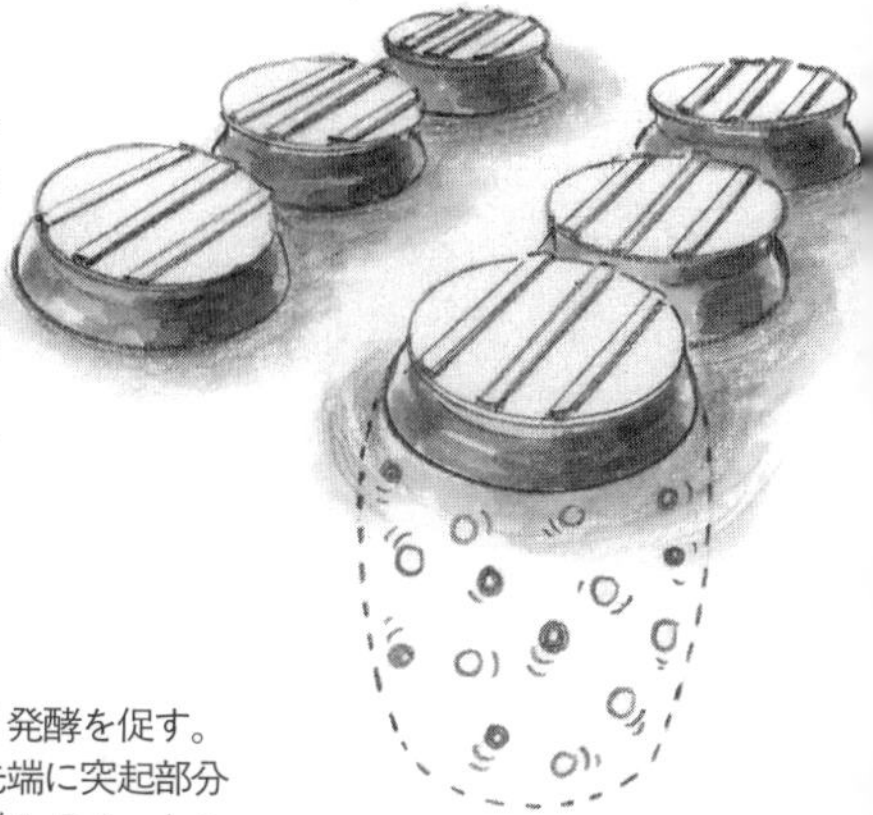

●櫂入れ作業

櫂棒で醪をかき混ぜて、ムラなく発酵を促す。櫂は2メートルほどの長さで、先端に突起部分がついた棒で重い。これで直径約1.5メートル、深さ2メートルほどもある大きなタンクの中の醪をかき混ぜる。大変な重労働である。

●二次仕込み

一次仕込みでできた醪に蒸したさつまいもと水を加える。よくかき混ぜ、8〜10日間かけて発酵させる。さつまいもを加えたため、醪はクリーム色になり、ほんのりとさつまいもの甘い香りがする。表面には発酵していることを示す小さな気泡がプツプツと音を立てながら上ってくる。

寝かせる期間は原料によって異なるが、こうして発酵がさらに進んでできたものが二次醪となる。

検定 ← **蒸留**

●蒸留（106〜111頁参照）

できあがった二次醪《もろみ》を蒸留器で蒸留する。本格焼酎では単式蒸留器を用いる。

蒸留の方法には常圧蒸留と減圧蒸留の２つがあるが、原料の風味がストレートに出る常圧蒸留をしているところが多い。

また、蒸留の際にどの程度の温度の蒸気を吹き付けるかによって仕上がりに差が出る。その温度設定は、企業秘密。

●検定

蒸留器から吹き出た蒸気を冷却すると、アルコールが抽出される。

これは焼酎の原酒となるもので「初垂れ《はなだれ》」（ハナタレともいう）といい、これが最もアルコール度数が高い。

蒸留を進めるにつれ、「本垂れ《ほんだれ》」「末垂れ《すえだれ》」となり、アルコール度数も次第に低くなる。

いも焼酎の場合、最終的には37〜38度になる。

アルコール度数を計るには、タンクに取り付けられた酒精計が用いられる。

できあがった蒸留原酒の温度、アルコール度数、量を検定する。

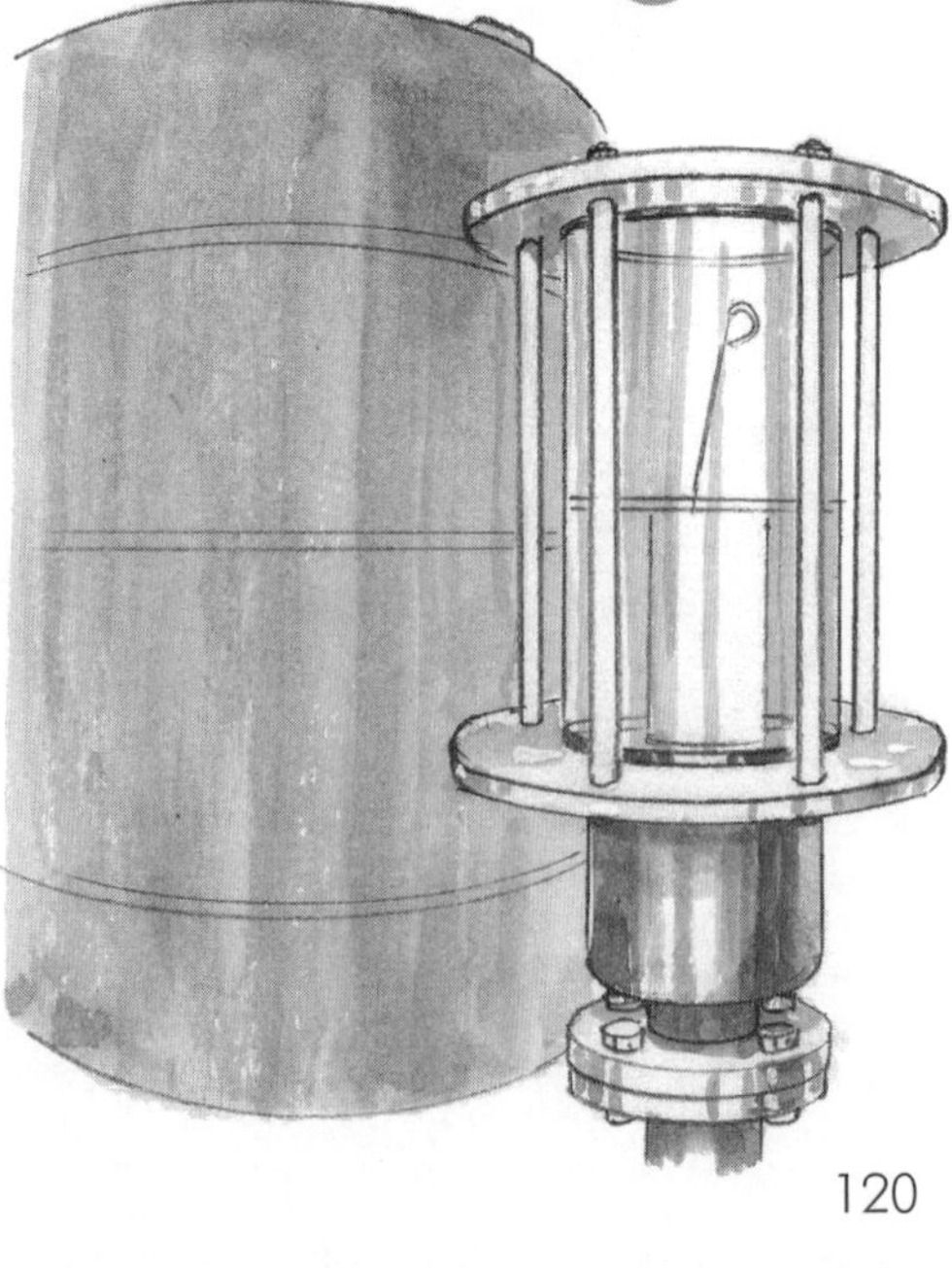

●ブレンド・割り水（114頁参照）

蔵の銘柄ごとに味を決めるため、ブレンダーが原酒のブレンドを行う。

割り水は、アルコール度数を調整するために加える水で、この水の水質もまた仕込みの水と同じく、焼酎の味を左右する。

ブレンド・割り水

貯蔵・熟成

●貯蔵・熟成（112頁参照）

原酒には油性成分などが多く残っているため刺激臭が強く、まだ焼酎としては完成されていない。

いったん冷却し、油分を固めて取り除いた後、タンクや甕《かめ》に移して貯蔵・熟成させる。

熟成を促す音響効果

　醪や焼酎を入れた甕やタンクに音楽を聴かせる熟成方法がある。これによって、酵母菌の働きが活発になるという。

　目に見えない世界の可能性を信じて、人はさまざまな試みを行うのである。

●瓶詰め

仕上げのろ過を行ってから、瓶詰めにする。

焼酎の瓶は回収されたものを再利用することが多い。回収された瓶はベルトコンベアーで運ばれ、古いラベルをはがして洗浄し、殺菌されたのち再利用される。

焼酎を瓶に詰め、栓をする作業はすべて機械化されている。ただし、特注の甕《かめ》や壺《つぼ》に入れて販売するものは、すべてが手作業になることもあり、非常に手間がかかることもあるという。

リサイクルで環境にやさしく

焼酎造りには多くの水が必要だ。その水を、ポンプで公共の温水プールとつなぎ、再利用している蔵もある。環境にやさしくすることも大切なのである。

●ラベル貼り

焼酎の顔となるラベル貼りもベルトコンベアーにのって機械で行われる。ラベル貼りがすんだものは、瓶のヒビがないかなどを検品したのち、箱詰めされ出荷される。

●手作業で
ラベルを貼るところも

小さな蔵ではラベル貼りを手作業で行っているところもある。

また、販促用のタグを瓶に付けたりするなど、人の手に頼る部分もあり、焼酎造りには多くの人手がいる。

●出荷
できあがった焼酎はケースに詰めてトラックに積まれ、問屋へと運ばれる。さらに問屋から全国の酒屋などの小売店へと届けられる。こうしてようやく料理店や各家庭で焼酎を口にすることができる。

気候や風土で
蒸留酒の性格は異なる!

カビの食文化が生んだ東洋の蒸留酒

世界中には焼酎と同じ蒸留酒の仲間が多数存在する。原料は麦やいもなどの穀類をはじめ、サトウキビや果物、木の実など多彩だ。しかし最も大きな違いは、原材料のでんぷんを糖化させるのに用い

［表示方法］

蒸留酒の名称
原料
造られている国名や地域名

［西洋と東洋の蒸留酒はこんなに違う］

東洋の蒸留酒	焼酎、白酒《パイチュー》、アラックなど	あくまでも酔って楽しむためのもの	料理と一緒にたしなまれることが多い
西洋の蒸留酒	ウオッカ、ウイスキー、ブランデーなど	医薬品代わりに用いられた。14世紀、ヨーロッパではペストが大流行し、アルコール度の高い蒸留酒は「生命の水」と呼ばれた	食後に飲む酒として扱われてきた

るものだ。

西洋の蒸留酒ではおもに麦芽を用いたり、原料そのものに糖質が豊富なものを用いている。

一方、東洋の蒸留酒はカビ（麹《こうじ》菌）を用いているものが多い。食においても、カビを用いた食材は多い。気候風土が多湿であるため、カビの力をかりた酒造りが最適だったからである。

ただし、アジア全体で見ると、蒸留酒は、西アジアのワイン、中央アジアのモンゴルの馬乳酒、フィリピンのヤシ酒というように、必ずしもカビを使っているわけではない。

蒸留酒はヨーロッパで誕生したが、世界各地で独自の発展を遂げたのである。

世界で飲まれている焼酎の仲間・蒸留酒

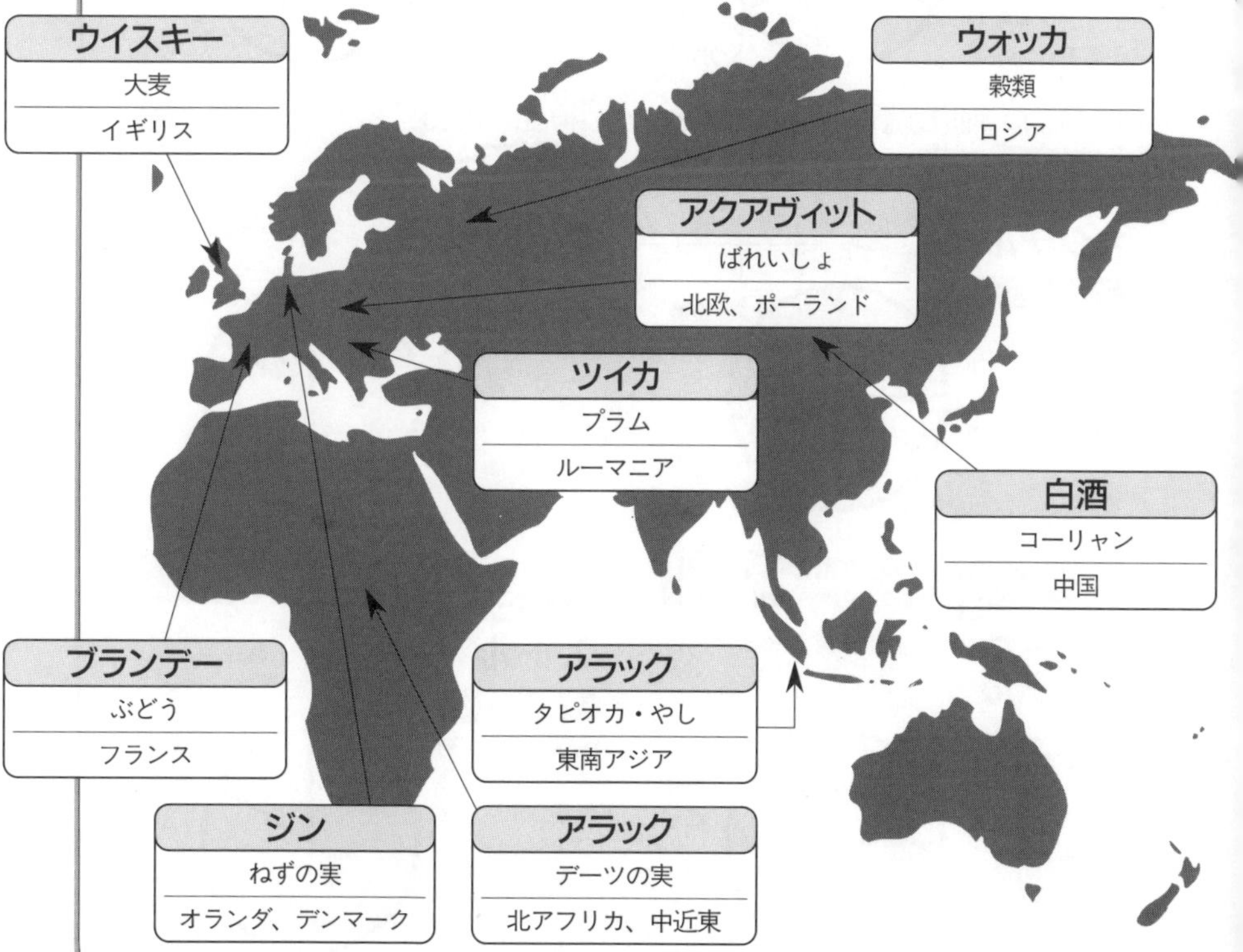

基本・人気の焼酎カクテルをつくってみよう

ここでとりあげるカクテルは、基本的なもの、人気のドリンク。焼酎がおいてあるバーであれば、つくってもらえるものばかり。もちろん、自分たちでもつくることができる。ベースの洋酒を焼酎にかえれば簡単だ。とくに明記がなければ、焼酎は甲類また麦焼酎がベスト。もちろん、いも焼酎や米焼酎でも可能。

甘口＝甘口　やや甘口＝やや甘口　中口＝中口　やや辛口＝やや辛口　辛口＝辛口　食前＝アペリティフ（食前酒）　晩食後＝アフター・ディナー　全日＝オール・デイ

SHOCHU ALEXANDER COCKTAIL　甘口　食前

ショウチュウ・アレキサンダー・カクテル

焼酎　20mℓ
クレーム・ド・カカオ　20mℓ
生クリーム　20mℓ

作り方

シェーカーに入れてシェークする。カクテル・グラスに入れ、ナツメグを振りかける。

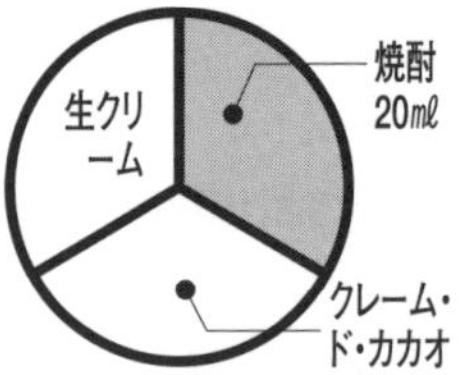

SHOCHU HIGH BALL　辛口　全日

酎ハイ

［焼酎ハイボール］

焼酎　45mℓ
ソーダ水　適量

作り方

焼酎を8オンス・タンブラーに入れる。氷を加え、ソーダ水で満たす。

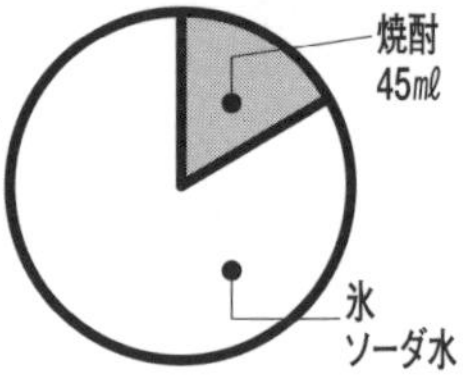

SHOCHU DAIQUIRI COCKTAIL　やや甘口　全日

ショウチュウ・ダイキリ・カクテル

焼酎　30mℓ
ライム・ジュース　15mℓ
グレナディン・シロップ　15mℓ

作り方

シェーカーに入れてシェークする。カクテル・グラスに入れる。

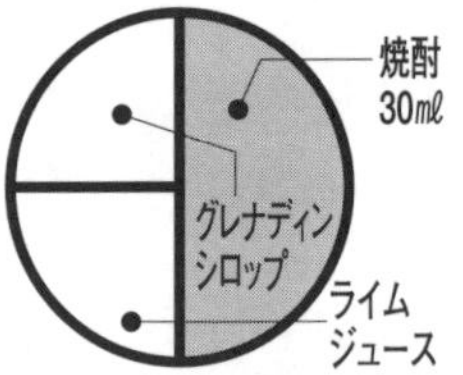

SHOCHU COKE　甘口　全日

焼酎コーラ

［チュウ・コーラ］

焼酎　45mℓ
コーラ　適量

作り方

焼酎を8オンス・タンブラーに入れる。氷を加え、コーラで満たす。

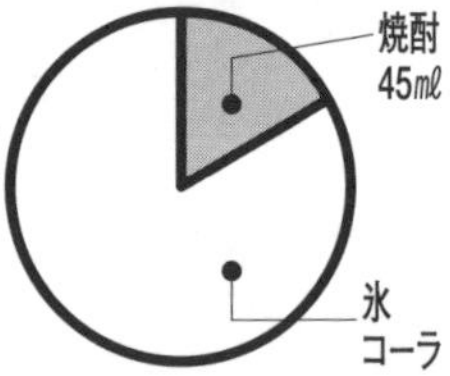

SHOCHU SIDECAR COCKTAIL　中口　全日

ショウチュウ・サイドカー・カクテル

焼酎　45mℓ
ライム・ジュース・コーディアル　15mℓ

作り方

シェーカーに入れてシェークする。カクテル・グラスに入れる。

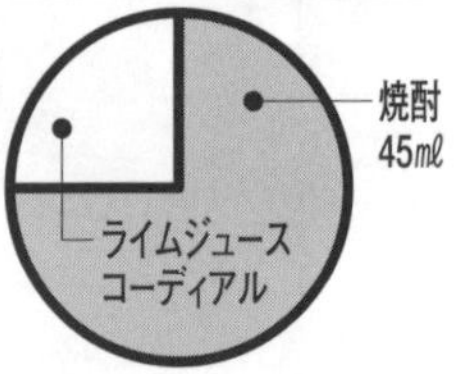

SHOCHU GINGER ALE　やや甘口　全日

焼酎ジンジャー・エール

焼酎　45mℓ
ジンジャー・エール　適量

作り方

焼酎を8オンス・タンブラーに入れる。氷を加え、ジンジャー・エールで満たす。

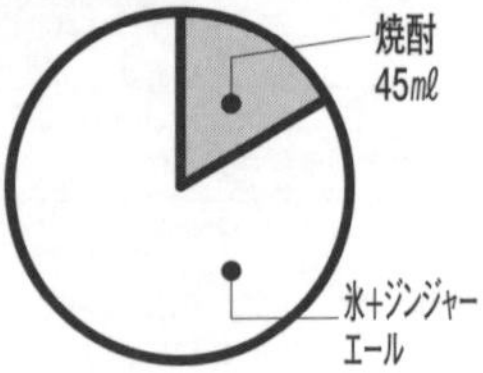

ROYAL CHU FIZZ

ローヤル・チュウ・フィズ

やや甘 全日

Ⓐ焼酎　45mℓ
Ⓐレモン・ジュース　1/2コ分
Ⓐ粉砂糖　2ティー・スプーン
Ⓐ全卵　1コ分
ソーダ水　適量

作り方

シェーカーにⒶを入れ、シェイクする。8オンス・タンブラーに入れ、氷を加える。ソーダ水で満たし、レモン・スライスを飾る。

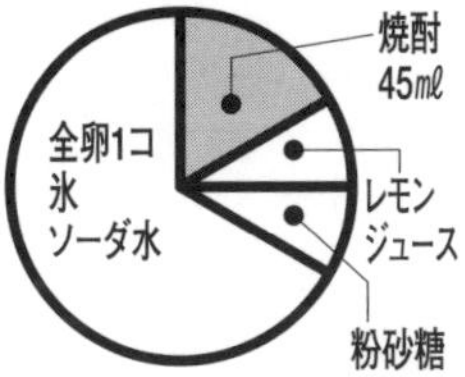

CHU FIZZ

チュウ・フィズ

やや甘 全日

Ⓐ焼酎　45mℓ
Ⓐレモン・ジュース　1/2コ分
Ⓐ粉砂糖　2ティー・スプーン
ソーダ水　適量

作り方

シェーカーにⒶを入れ、シェークする。8オンス・タンブラーに入れ、氷を加える。ソーダ水で満たし、レモン・スライスを入れる。

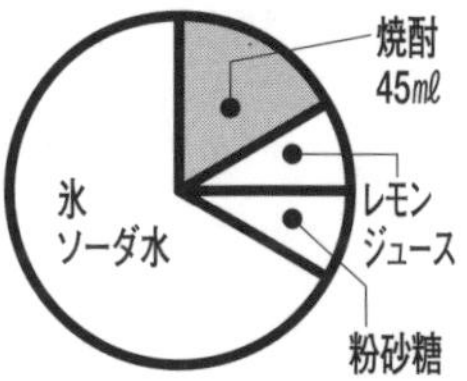

CHU SOUR

チュウ・サワー

やや辛 全日

Ⓐ焼酎　45mℓ
Ⓐ粉砂糖　ティー・スプーン1
ソーダ水　少量

作り方

Ⓐをシェークし、サワー・グラスに入れる。少量のソーダ水を加え、薄切りのレモン・スライス、マラスキーノ・チェリー（甘く味付けされたさくらんぼ）を飾る。

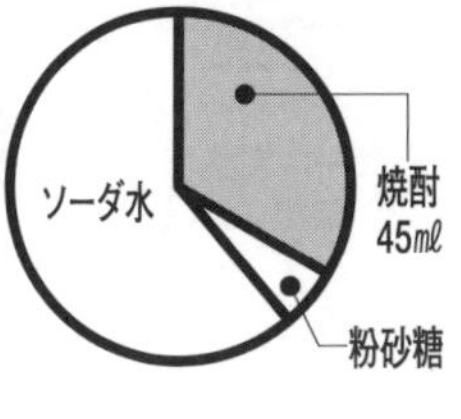

GOLDEN CHU FIZZ

ゴールデン・チュウ・フィズ

やや甘 全日

Ⓐ焼酎　45mℓ
Ⓐレモン・ジュース　1/2コ分
Ⓐ粉砂糖　2ティー・スプーン
Ⓐ卵黄　1コ分
ソーダ水　適量

作り方

シェーカーにⒶを入れ、シェークする。8オンス・タンブラーに入れ、氷を加える。ソーダ水で満たし、レモン・スライスを入れる。

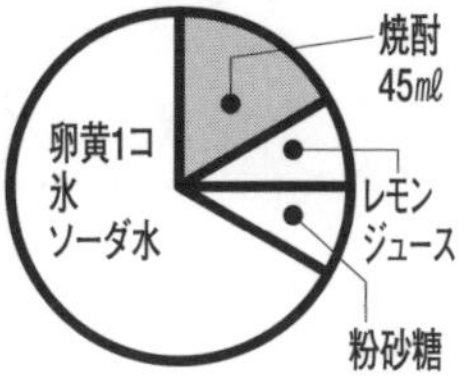

SILVER CHU FIZZ

シルバー・チュウ・フィズ

やや甘 全日

Ⓐ焼酎　45mℓ
Ⓐレモン・ジュース　1/2コ分
Ⓐ粉砂糖　2ティー・スプーン
Ⓐ卵白　1コ分
ソーダ水　適量

作り方

シェーカーにⒶを入れ、シェークする。8オンス・タンブラーに入れ、氷を加える。ソーダ水で満たし、レモン・スライスを入れる。

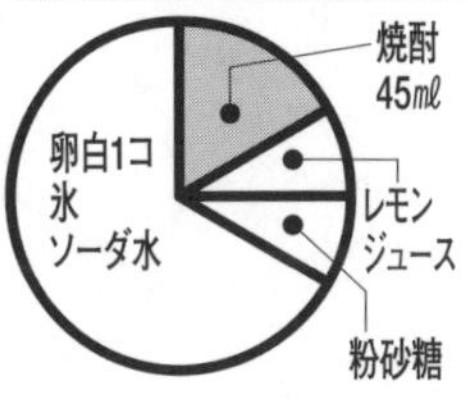

アルコール度の強さを計算する

　アルコール度数の強い焼酎や泡盛は、リキュールなどのお酒とまぜればアルコール度数は高くなるが、ノン・アルコールの炭酸飲料やジュースを混ぜれば、低くなる。

　レシピが分かれば計算もできる。例えば、ショウチュウ・ダイキリ（126頁参照）なら、25度の焼酎を使ったとして、焼酎1/2×25度＝12度、グレナディン・シロップ1/4×0度＝0度、ライム・ジュース1/4×0度＝0度。12度＋0度＋0度＝12度、という概算ができる。

SHOCHU DRIVER

ショウチュウ・ドライバー

やや甘口 全日

焼酎　45mℓ
オレンジ・ジュース　適量

作り方

6オンス・タンブラーに入れ、氷を加える。オレンジ・ジュースで満たし、薄切りのオレンジ・スライスを飾る。

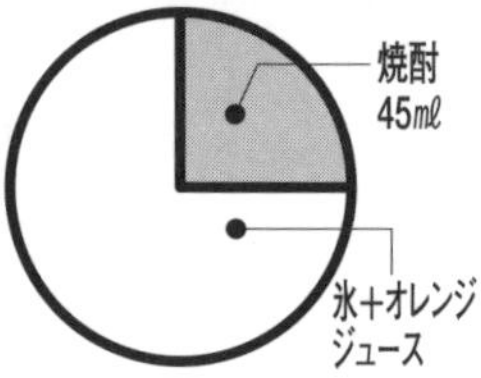

CHUTINI COCKTAIL

チュウティニー・カクテル

辛口 食前 全日

焼酎　50mℓ
ドライ・ベルモット　10mℓ

作り方

ミキシング・グラスに入れて混ぜる。カクテル・グラスに入れ、オリーブを飾る。※店では、「焼酎マティーニ・カクテル」とオーダーしてもOK。

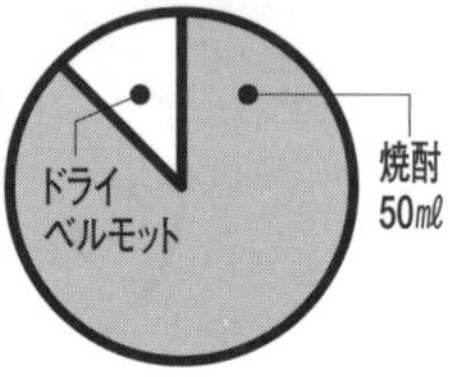

SHOCHU PARADISE COCKTAIL

ショウチュウ・パラダイス・カクテル

やや甘口 全日

焼酎　30mℓ
アプリコット・ブランデー　15mℓ
オレンジ・ジュース　15mℓ

作り方

シェーカーに入れてシェークする。カクテル・グラスに入れる。

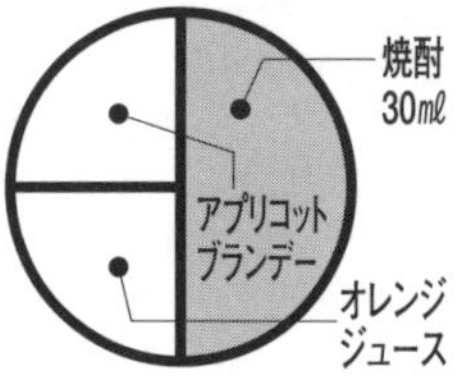

SHOCHU BUCK

ショウチュウ・バック

やや甘口 晩食後 全日

焼酎　45mℓ
レモン・ジュース　1/2コ分
ジンジャー・エール　適量

作り方

これらを8オンス・タンブラーに入れ、氷を加える。ジンジャー・エールで満たし、薄切りのレモン・スライスを飾る。

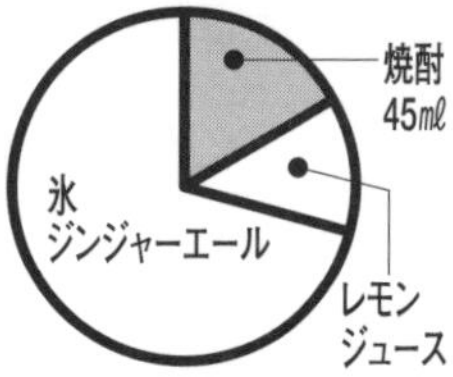

SHOCHU RUSSIAN COCKTAIL

ショウチュウ・ルシアン・カクテル

やや甘口 全日

焼酎　20mℓ
ドライ・ジン　20mℓ
クレーム・ド・カカオ　20mℓ

作り方

シェーカーに入れてシェークする。カクテル・グラスに入れる。

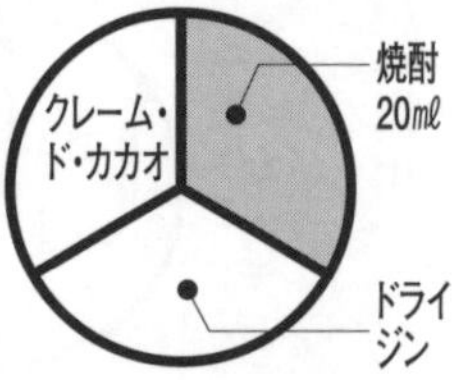

SHOCHU COLLINS

ショウチュウ・コリンズ

やや甘口 晩食後 全日

焼酎　45mℓ
粉砂糖　ティー・スプーン2
レモン・ジュース　1/2コ分
ソーダ水　適量

作り方

これらをシェークし、コリンズ・グラスに入れる。氷を入れ、ソーダ水で満たす。レモン・スライスとマラスキーノ・チェリーを飾る。

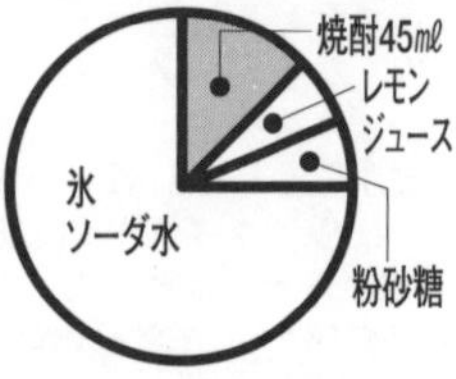

甘口=甘口　やや甘口=やや甘口　中口=中口　やや辛口=やや辛口　辛口=辛口　食前=アペリティフ（食前酒）　晩食後=アフター・ディナー　全日=オール・デイ

CHU TONIC

チュウ・トニック

辛口 晩食後 全日

［ショウチュウ・トニック］

焼酎　45mℓ
トニック・ウォーター　適量

作り方

8オンス・タンブラーに入れ、氷を加え、トニック・ウォーターで満たす。薄切りのレモン・スライスを飾る。

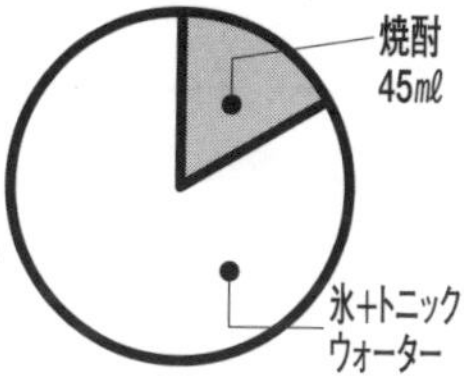

SHOCHU ORANGE BROSSOM COCKTAIL

ショウチュウ・オレンジ・ブロッサム・カクテル

やや甘口 全日

焼酎　40mℓ
オレンジ・ジュース　20mℓ

作り方

シェーカーに入れてシェークする。カクテル・グラスに入れる。

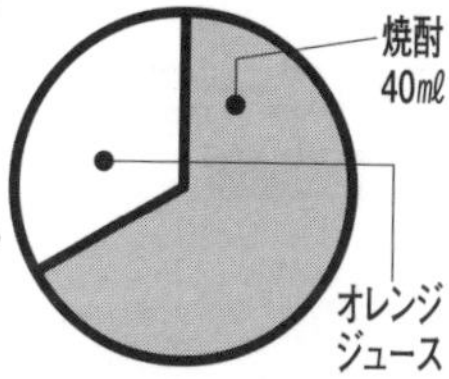

シェーカーはこうやって使う

シェーカーは、ボディ、ストレーナー、トップの3つからできている。

カクテルをつくる時は、ボディに材料と氷を7〜8分目まで入れる。

ストレーナー、トップの順にかぶせる。

ストレーナーとトップをつけてからボディにかぶせると、ボディ部分がはずれることがあるので、順番につけることが大切。

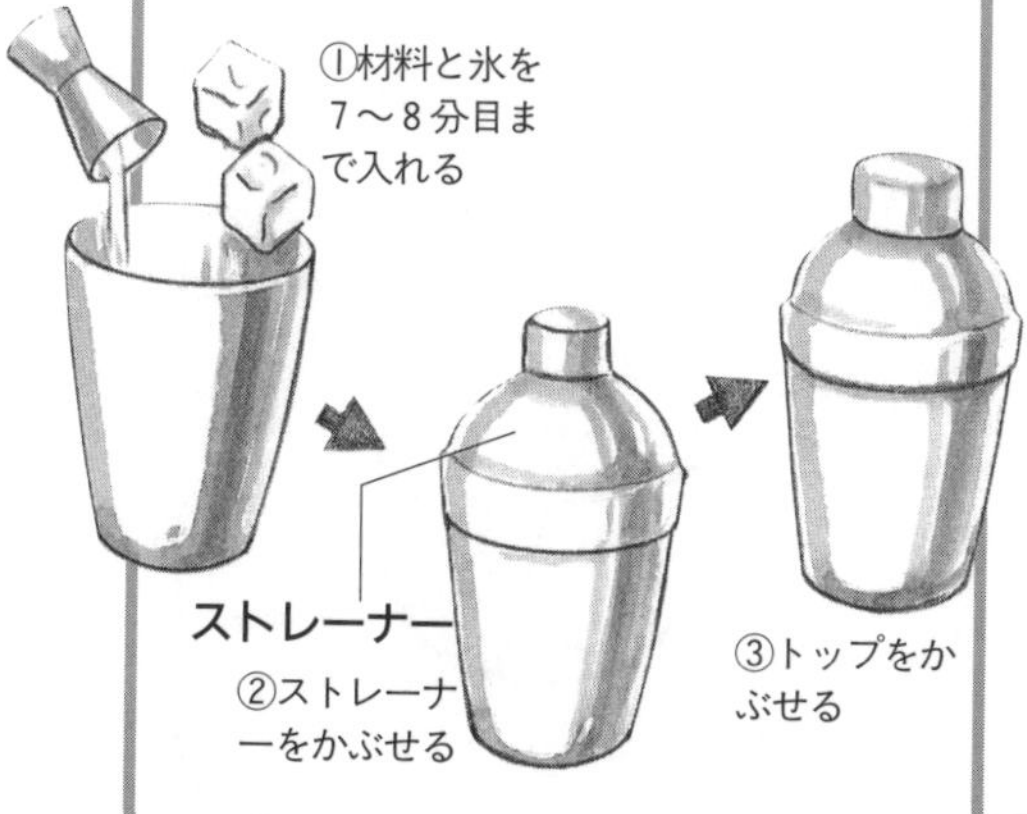

SHOCHU ALASKA COCKTAIL

ショウチュウ・アラスカ・カクテル

甘口 全日

焼酎　45mℓ
シャルトリューズ・イエロー　15mℓ
オレンジ・ビター　1ダッシュ

作り方

シェーカーに入れてシェークする。カクテル・グラスに入れる。

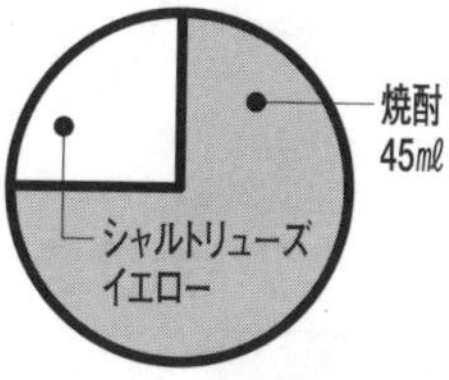

SHOCHU BLOODY MARY

ショウチュウ・ブラッディ・メアリー

中口 晩食後 全日

焼酎　45mℓ
トマト・ジュース　適量

作り方

8オンス・タンブラーに入れ、氷を加え、トマト・ジュースで満たす。厚めのレモン・スライスを入れ、マドラーを添える。

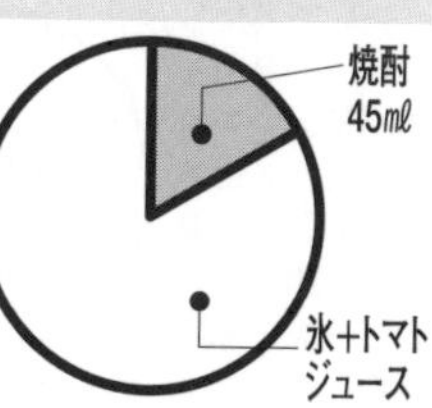

ちょっと本格的な焼酎カクテルに挑戦！

ここで紹介するカクテルは、どれもオリジナル・カクテルばかり。ベースとなる焼酎も、甲類や麦焼酎だけでなく、泡盛、黒糖焼酎、ごま焼酎とさまざまだ。いろいろチャレンジして自分の好きなカクテルを見つけよう。

甘口＝甘口　やや甘口＝やや甘口　中口＝中口　やや辛口＝やや辛口　辛口＝辛口　食前＝アペリティフ（食前酒）　食後＝アフター・ディナー　全日＝オール・デイ

[泡盛]

EL-NINO

エルニーニョ

やや甘口　全日

泡盛　20mℓ
メロン・リキュール　15mℓ
ライチ・リキュール　15mℓ
ライム・ジュース
1ティー・スプーン
メロン・シロップ
1ティー・スプーン

作り方

シェーカーに入れ、シェークする。クラッシュド・アイスを入れたゴブレットに入れ、薄切りのライム・スライスを飾り、ストローを２本添える。

※H.B.Aコンクール入賞作品。創作者は松本信行

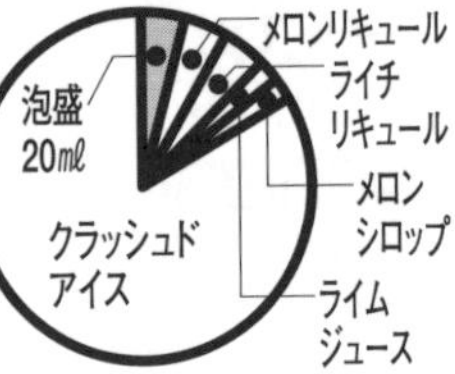

SNOW OCEAN

スノー・オーシャン

甘口　全日

Ⓐ泡盛　30mℓ
Ⓐメロン・リキュール　20mℓ
Ⓐホワイト・カカオ　10mℓ
Ⓐペルノー
ティー・スプーン　1
ミルク　適量

作り方

Ⓐをシェーカーに入れてシェークする。クラッシュド・アイスを入れたゴブレットにⒶを入れ、ミルクで満たす。小さな蘭の花を飾り、ストローを添える

※第10回アワモリ・カクテル・コンクール、グランプリ作品。創作者は花城陽平。

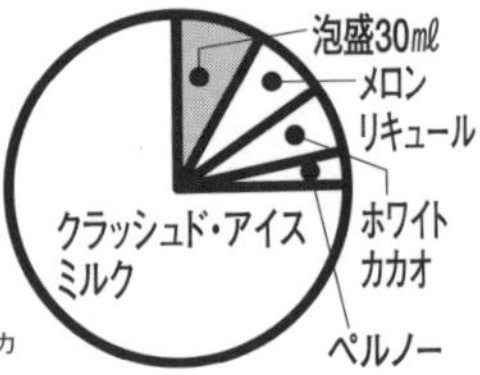

EISA COCKTAIL

エイサア・カクテル

甘口　全日

Ⓐ泡盛　30mℓ
Ⓐクレーム・ド・バナナ
15mℓ
Ⓐグレナディン・シロップ
15mℓ
Ⓐライム・ジュース
1/2コ分（15mℓ）
パイン・ジュース　適量

作り方

Ⓐをシェーカーに入れ、シェークする。クラッシュド・アイスを満たしたゴブレットにⒶを入れ、パイン・ジュースで満たし、まぜる。薄切りのパイン・スライスとハイビスカスもしくは蘭の花を飾り、ストローを２本添える。

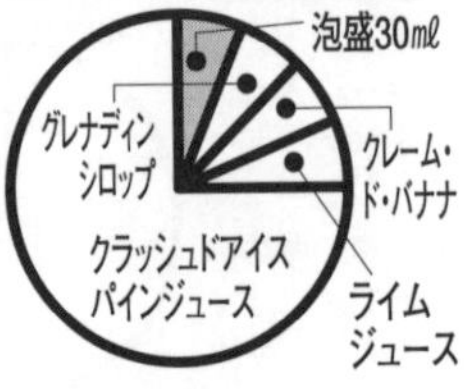

※創作者は稲保幸

AGAIDERA COCKTAIL

アガイデラ・カクテル

やや甘口　全日

泡盛　30mℓ
アドボカート　20mℓ
レモン・ジュース　10mℓ
クレーム・ド・カシス
1ティー・スプーン
アニス・リキュール
1ティー・スプーン

作り方

シェーカーに入れてシェークする。カクテル・グラスに入れる。

※第９回アワモリ・カクテル・コンクールグランプリ作品。創作者は新地弘幸。アガイデラは日の出、の意味

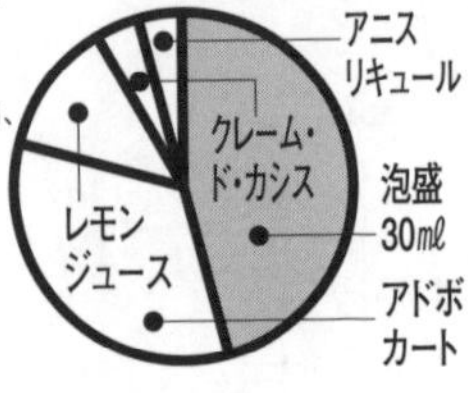

[ごま焼酎・黒糖焼酎]

MAIOTOME COCKTAIL
マイオトメ・カクテル

ごま焼酎　25mℓ
クレーム・ド・フランボアーズ　15mℓ
コアントロー　10mℓ
グレナディン・シロップ　10mℓ
レモン・ジュース　1ティー・スプーン

作り方

シェーカーに入れシェークする。カクテル・グラスに注ぐ。

※H.B.Aカクテル・コンクール優勝作品。創作者は倉吉浩二

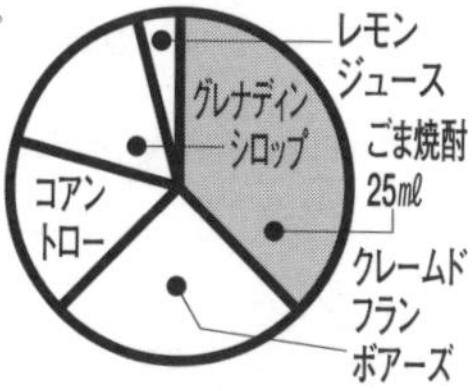

AKEBONO COCKTAIL
アケボノ・カクテル

黒糖焼酎　30mℓ
グランマルニエ　12mℓ
パイナップル・ジュース　18mℓ
グレナディン・シロップ　1ティー・スプーン
レモン・ジュース　1ティー・スプーン

作り方

シェーカーに入れてシェークする。カクテル・グラスに入れ、マラスキーノ・チェリーとオレンジ・ピールを飾る。

※創作者は中村健二

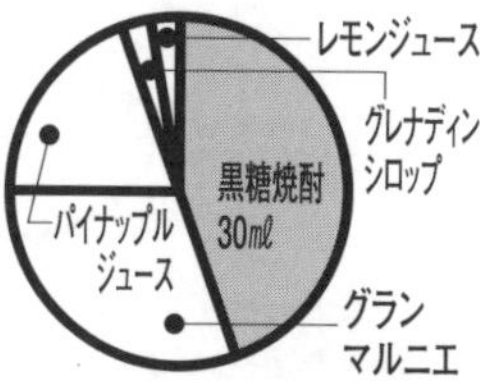

BLACK RABBIT COCKTAIL
ブラックラビットカクテル

黒糖焼酎　30mℓ
パッション・フルーツ・ジュース　20mℓ
グレナディン・シロップ　5mℓ
ライム・ジュース　4mℓ

作り方

シェーカーに入れ、シェークする。カクテル・グラスに入れ、ライブ・オリーブを飾る。

※創作者は稲保幸

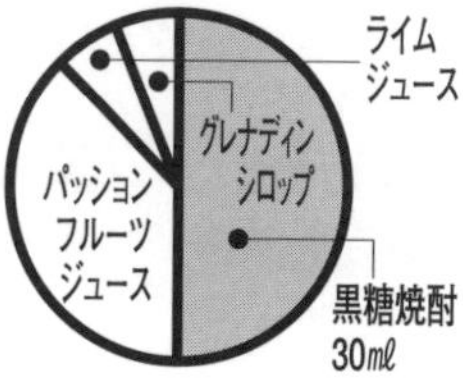

シェーカーで素早く混ぜて冷やす

シェークは、氷を溶かさずに材料を混ぜて素早く冷やすことが目的。だからあまり多くの回数を振るのではなく、できるだけ少ない回数が理想。人に向けず、空気とよく混ざるような感じで振るのがよい。

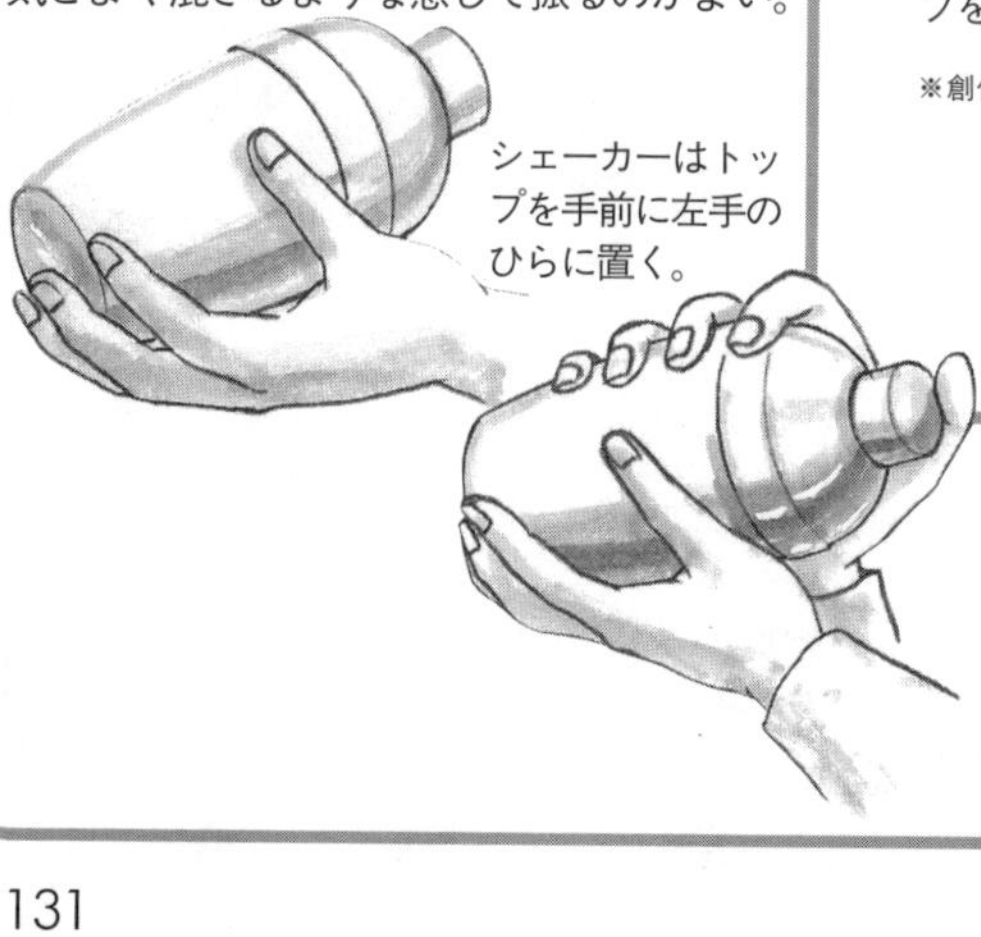

シェーカーはトップを手前に左手のひらに置く。

右手親指でトップを押さえ、人さし指と中指でストレーナーとボディを押さえる。ひじを前に出して戻すような動作で振る。

[焼酎]

SHOURYU COCKTAIL
ショウリュウ・カクテル

中口 全日

焼酎　30mℓ
コアントロー　15mℓ
ライム・ジュース　15mℓ
ドライ・ベルモット　1ティー・スプーン

作り方

シェーカーに入れ、シェークする。カクテル・グラスに入れ、ライム・ピールを絞りかける。

※創作者は安瀬晃靖

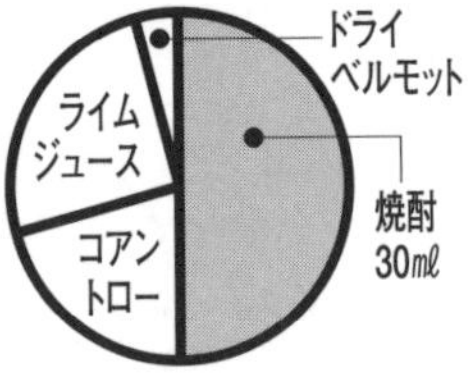

HIDERIBOSHI COCKTAIL
ヒデリボシ・カクテル

やや甘口 全日

焼酎（甲類）　20mℓ
梅酒　20mℓ
フレッシュ・スイカ・ジュース　20mℓ
レモン・ジュース　1ティー・スプーン

作り方

シェーカーに入れ、シェークする。カクテル・グラスに入れる。

※創作者は上田和男

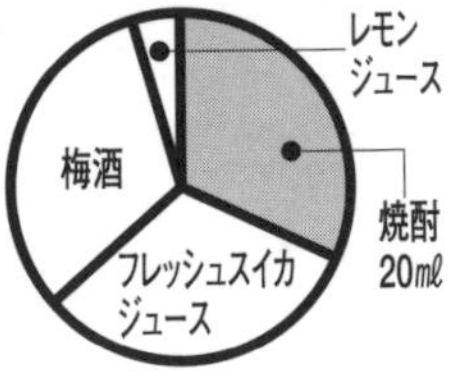

SYUNSETSU COCKTAIL
シュンセツ・カクテル

甘口 晩食後 全日

焼酎　40mℓ
グリーン・ティー・リキュール　10mℓ
カルピス　10mℓ

作り方

シェーカーに入れ、シェークする。カクテル・グラスに入れる。

※創作者は上田和男

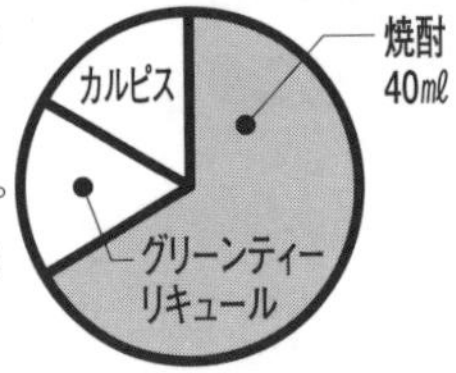

FUYUZAKURA
フユザクラ

やや甘口 晩食後

焼酎（乙類）　45mℓ
チェリー・ブランデー　15mℓ

作り方

ホルダー付きのタンブラーに入れ、熱湯で満たす。薄切りのレモン・スライスを飾る。

※創作者は上田和男

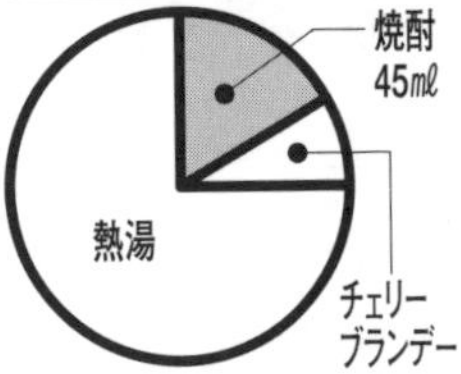

MILKY WAY
ミルキー・ウェイ

やや甘口 全日

焼酎（乙類または麦焼酎）　30mℓ
コアントロー　15mℓ
ココナッツ・ミルク　30mℓ
ライム・ジュース　15mℓ

作り方

ソーダ・グラスに、クラッシュド・アイスと1cm³にカットしたパイナップルの小片をたくさん混ぜ入れ、シェークしたものをそそぐ。マラスキーノ・チェリーを飾り、ストローを添える。

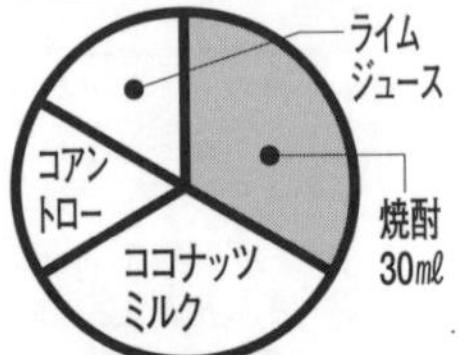

※創作者は稲保幸

CANOPUS COCKTAIL
カノープス・カクテル

やや甘口 全日

焼酎（乙類または麦焼酎）　30mℓ
グレープフルーツ・ジュース　45mℓ
グレナディン・シロップ　15mℓ
卵白　1コ分

作り方

シェーカーに入れてシェークし、シャンパン・グラスに注ぐ。ミント・チェリーとマラスキーノ・チェリーを飾る。

※創作者は稲保幸

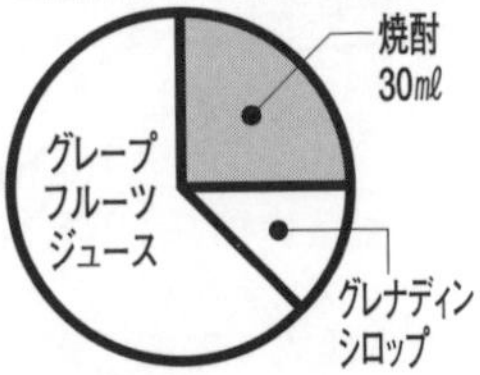

甘口＝甘口　やや甘口＝やや甘口　中口＝中口　やや辛口＝やや辛口　辛口＝辛口　食前＝アペリティフ（食前酒）　晩食後＝アフター・ディナー　全日＝オール・デイ

KAGUYAHIME COCKTAIL

甘口 全日

カグヤヒメ・カクテル

焼酎（麦焼酎） 45mℓ
ホワイト・ミント 7,5mℓ
グレナディン・シロップ 7.3mℓ
レモン・ジュース 1ティー・スプーン

作り方

シェーカーに入れ、シェークする。カクテル・グラスに入れ、マラスキーノ・チェリーとミントの葉を飾る。

※創作者は稲保幸

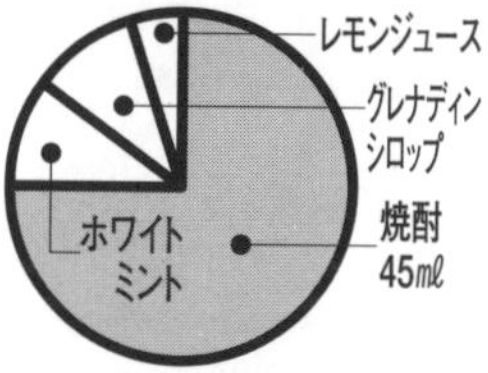

STARDUST COCKTAIL

甘口 晩食後

スターダスト・カクテル

焼酎（甲類または麦焼酎） 20mℓ
ペパーミント 20mℓ
生クリーム 20mℓ

作り方

シェーカーに入れ、シェークする。カクテル・グラスに入れ、ミント・チェリーを飾る。

※創作者は稲保幸

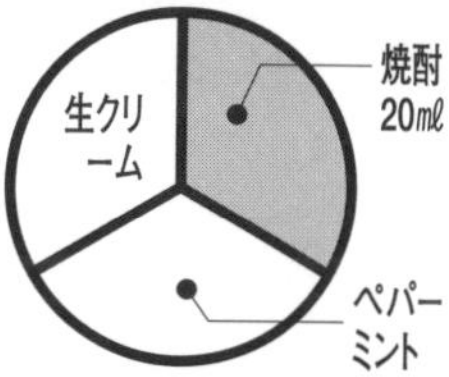

PLANET COCKTAIL

やや甘口 晩食後 全日

プラネット・カクテル

焼酎（麦焼酎） 20mℓ
クレーム・ド・カカオ 20mℓ
ココナッツ・ミルク 20mℓ

作り方

シェーカーに入れ、シェークする。カクテル・グラスに入れ、パール・オニオンを飾る。

※創作者は稲保幸

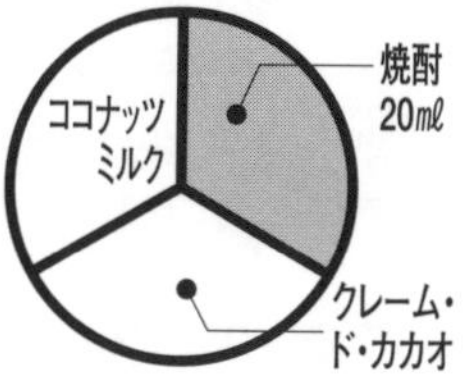

GALAXY COCKTAIL

やや甘口 全日

ギャラクシー・カクテル

焼酎（麦焼酎） 30mℓ
グリーン・ティー・リキュール 20mℓ
レモン・ジュース 10mℓ

作り方

シェーカーに入れ、シェークする。カクテル・グラスに入れ、マラスキーノ・チェリーを飾る。

※創作者は稲保幸

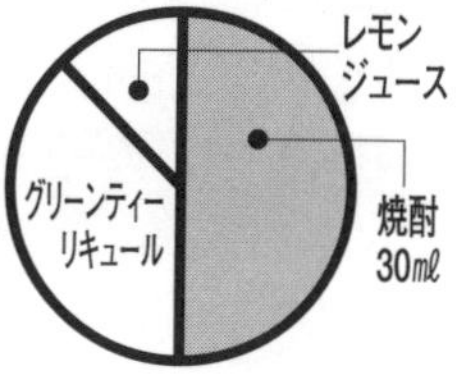

もっとお酒がおいしくなる話

自分だけのオリジナルカクテルをつくる

オリジナル・カクテルは、誰でもつくれる。最近では、プロのバーテンダーのカクテル・コンテストだけでなく、一般の人を対象にしたコンテストも行われている。

材料そのものの味をそこなわず、香りも出し、見た目もきれいであれば合格点。お気に入りの焼酎を使って、チャレンジしてみよう。

NEW MOON COCKTAIL

甘口 全日

ニュームーンカクテル

焼酎（麦焼酎） 45mℓ
ブラック・パイナップル・リキュール 15mℓ
ライム・ジュース 1ティー・スプーン

作り方

シェーカーに入れ、シェークする。カクテル・グラスに入れ、三日月型にカットしたライム・スライスを飾る。

※創作者は稲保幸

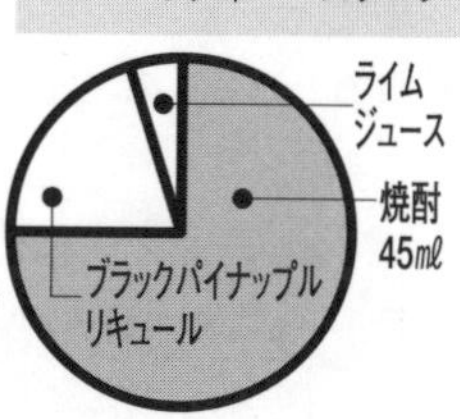

色	保存方法	そのほか
無色	樽《たる》，甕《かめ》，タンクなど	・おもに日本で造られる ・食中酒として飲まれている ・ストレートで飲む以外に、水やお湯、果汁で割ることもある
無色	樽など	・おもに日本で造られている ・冷酒にする場合と燗酒にする場合がある
赤色，白色	樽など	・食中酒として飲まれている ・赤ワインは常温で、白ワインは冷やして飲むことが多い
黄色，黒色	樽，タンクなど	・冷やして飲むことが多い ・世界中でいちばん飲まれている
琥珀色，無色	樽など	・時を選ばず飲むことが多い ・イギリスが発祥
琥珀色	樽など	・フランスが発祥 ・食後に飲むことが多い
無色	甕など	・おもに中国で造られている ・食中酒として飲まれている ・燗、氷砂糖などを入れて飲む
無色	樽など	・ロシアが発祥 ・カクテルに用いられることが多い
琥珀色	樽など	・おもに中国で造られている ・日本酒と同じ製法で造るが、香りづけの薬草を加えるのが特徴
無色	樽など	・メキシコが発祥 ・熟成させるものと、そうでないものがある

[焼酎とほかの酒との違い]

	酒類	アルコール度数	おもな原料
焼酎	蒸留酒	20〜40度前後	さつまいも，米，麦など
日本酒	醸造酒	0〜14度前後	米
ワイン	醸造酒	0〜16度前後	ぶどう
ビール	醸造酒	0〜15度前後	大麦
ウイスキー	蒸留酒	40〜60度前後	大麦
ブランデー	蒸留酒	40〜60度前後	ぶどう
紹興酒	醸造酒	22〜55度前後	コウリャン
ウオッカ	蒸留酒	40〜60度前後	大麦，小麦，とうもろこしなど
老酒（ラオチュウ）	醸造酒	10〜16度前後	もち米など
テキーラ	蒸留酒	35〜40度前後	リュウゼツラン

焼酎のイメージ今むかし

国税庁は密造酒を取り締まるのに苦労した。

かつて焼酎は、日本酒や洋酒に比べて格下の低級な酒と見られていた。こうしたイメージが長く定着していた背景には、焼酎が密造対策として国税局にマークされていたことが関係している。

東北地方のどぶろくや九州の焼酎は、地元の人々には愛着の深い地酒だが、密造酒もあった。そのため、戦前や戦中には焼酎の密造酒禁止のキャンペーンが行われ、焼酎を飲んだり製造することに暗いイメージが植え付けられてしまったのだ。

また、終戦直後、焼酎は安く酔える酒として人気があった。が、カストリ酒（どぶろくで造った密造焼酎）やバクダン（燃料用アルコールを薄めた密造酒）といった、粗製アルコールとも混同されてしまった。

焼酎が本来もつ豊かな風味や味わいを知ってもらうまでには、長い時間を要した。昭和の高度経済成長の頃に、徐々に焼酎の消費量がアップし、焼酎の持つよさが見直されてきた。

そして連続式蒸留機の登場により、ピュアでクリーンな甲類焼酎が誕生し、イメージがアップした。のちに甲類焼酎はミックス・ドリンク（酎ハイなど）のベースとして、乙類焼酎は、酒造メーカーの努力もあいまって焼酎本来の味が理解されてきた。

やがて数回にわたる焼酎ブームが訪れる。それにより今では若者からお年寄りまでだれもが気軽に飲むことができる、それでいて、うまい酒として人気が定着したのである。

焼酎は、今では幅広い世代に愛される酒となった。

本格焼酎一〇〇選

全国の約一〇〇のおすすめ銘柄を紹介。
自分の好みの味を見つけて、
焼酎通への第一歩を踏み出そう！

沖縄　鹿児島　宮崎　熊本　大分　長崎　福岡　佐賀　高知　長野　東京　福島　北海道

泡盛　いも　黒糖　米　麦　そば　牛乳　粕取り　じゃがいも　人参　栗　長いも　ごま

・データはメーカーから回答のあった項目のみを掲載。
・小売価格は2003年12月現在。

沖縄｜泡盛

琉球クラシック

➔口当たりがやわらかく、ほのかに甘い。食中酒に最適。

【蔵元】(名)新里酒造(沖縄県沖縄市)
【原料】米麹
【アルコール度数】25度
【蒸留方法】常圧蒸留・減圧蒸留
【貯蔵方法】タンク
【容量＆小売価格】720mℓ／1350円

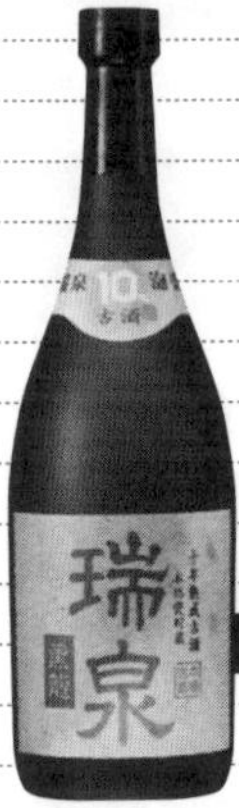

沖縄｜泡盛

瑞泉 黒龍

➔10年甕で貯蔵熟成させた、泡盛の深い味わいを備えた古酒。

【蔵元】瑞泉酒造(株)(沖縄県那覇市)
【原料】米麹
【アルコール度数】43度
【蒸留方法】減圧蒸留
【貯蔵方法】甕
【容量＆小売価格】720mℓ／3500円

➔バーボンウイスキーの樽に3年間貯蔵した香り高い古酒。

沖縄｜泡盛

奴樽蔵

【蔵元】久米仙酒造(株)(沖縄県那覇市)
【原料】米麹
【アルコール度数】25度
【蒸留方法】常圧蒸留・減圧蒸留
【貯蔵方法】樽
【容量＆小売価格】720mℓ／1300円

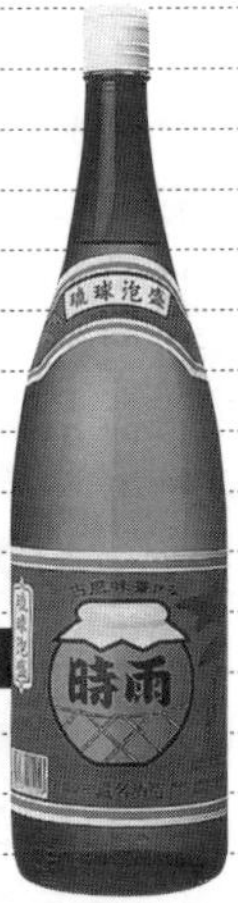

沖縄｜泡盛

時雨

➔古酒を意識した豊かで上品な味わいが特徴。

【蔵元】(有)識名酒造(沖縄県那覇市)
【原料】米麹
【アルコール度数】30度
【蒸留方法】常圧蒸留
【貯蔵方法】タンク・甕
【容量＆小売価格】1.8ℓ／2105円

沖縄｜泡盛

島唄

華やかな香りとすっきりした口当たりが、初心者や女性におすすめ。

【蔵元】（資）比嘉酒造（沖縄県糸満市）
【原料】米麹
【アルコール度数】25度
【蒸留方法】常圧蒸留
【貯蔵方法】タンク
【容量＆小売価格】720mℓ／930円、1.8ℓ／1795円

アーモンドのような香りを醸し、喉に余韻を残す、しっかりと深い味わい。

沖縄｜泡盛

春雨

【蔵元】宮里酒造所（沖縄県那覇市）
【原料】米麹
【アルコール度数】30度
【蒸留方法】常圧蒸留
【貯蔵方法】タンク
【容量＆小売価格】
720mℓ／1867円

沖縄｜泡盛

ロイヤル瑞穂

熟成して仕上げた味は深く、泡盛好きにはたまらない。

【蔵元】瑞穂酒造（株）（沖縄県那覇市）
【原料】米麹
【アルコール度数】43度
【蒸留方法】常圧蒸留
【貯蔵方法】タンク
【容量＆小売価格】720mℓ／2213円（税込・県外価格）

沖縄｜泡盛
やんばるくいな

➔ 島の自然水を使い、口当たりのよい、飲みやすい味わいの泡盛。

【蔵元】(名)田嘉里酒造所(沖縄県国頭郡)
【原料】米麹
【アルコール度数】25度
【蒸留方法】常圧蒸留
【貯蔵方法】タンク
【容量＆小売価格】720mℓ／1061円(県内価格)

➔ やわらかな口当たりとふくよかな香りが特徴。水割りがおすすめ。

沖縄｜泡盛
忠孝

【蔵元】忠孝酒造(株)(沖縄県豊見城市)
【原料】米麹
【アルコール度数】30度
【蒸留方法】常圧蒸留
【貯蔵方法】タンク
【容量＆小売価格】720mℓ／1088円

沖縄｜泡盛
久米島の久米仙

← ドーガーという湧き水を用いて造る。甘さがあり、さわやかな口当たり。

【蔵元】(株)久米島の久米仙(沖縄県島尻郡)
【原料】米麹
【アルコール度数】30度　【蒸留方法】常圧蒸留
【貯蔵方法】タンク・甕
【容量＆小売価格】1.8ℓ／1860円

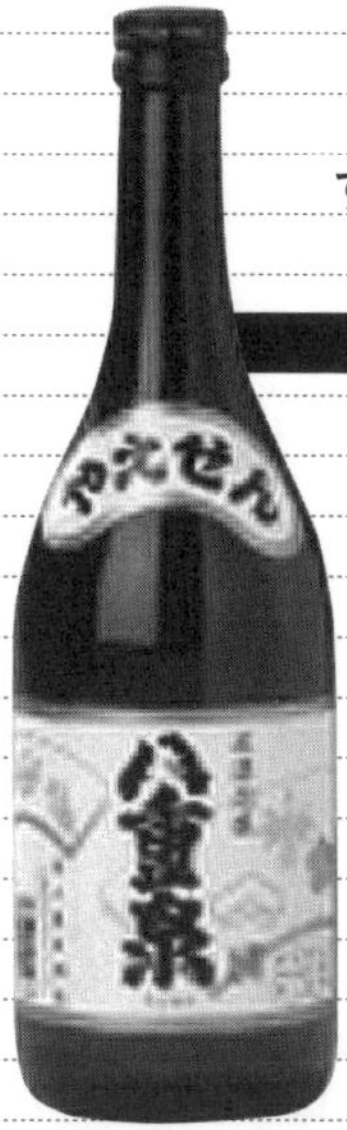

芳醇な香りとすっきりした味わいで、飲みやすい。

沖縄｜泡盛

八重泉

【蔵元】（有）八重泉酒造（沖縄県石垣市）
【原料】米麹
【アルコール度数】30度
【蒸留方法】常圧蒸留・減圧蒸留
【貯蔵方法】タンク
【容量＆小売価格】720mℓ／1065円

沖縄｜泡盛

うりずん

芳醇で味わい深く、まろやかな味が特徴。

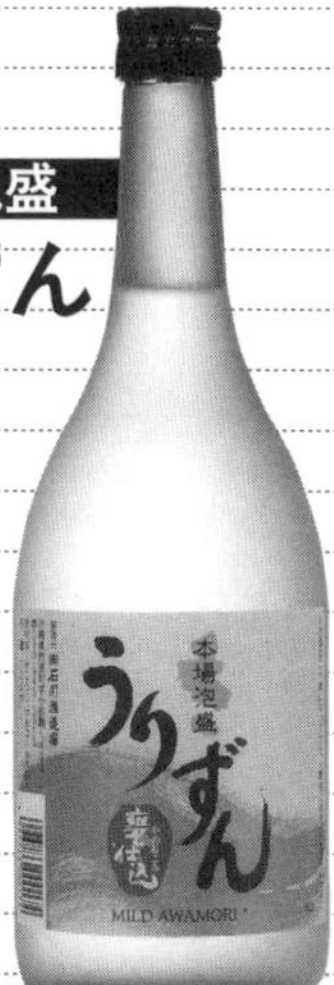

【蔵元】（株）石川酒造場（沖縄県中頭郡）
【原料】米麹
【アルコール度数】25度
【蒸留方法】常圧蒸留
【貯蔵方法】甕
【容量＆小売価格】720mℓ／1190円

沖縄｜泡盛

美しき古里

原酒に古酒をブレンドし、深みのある味に仕上がっている。

【蔵元】（有）今帰仁酒造（沖縄県国頭郡）
【原料】米麹
【アルコール度数】30度
【蒸留方法】常圧蒸留
【貯蔵方法】タンク・甕
【容量＆小売価格】720mℓ／980円

端麗で甘口な味わいで、すっきりした飲み口のさわやかな酒。

沖縄｜泡盛

菊之露 VIP 8 年

【蔵元】菊之露酒造（株）（沖縄県平良市）
【原料】米麹
【アルコール度数】30度
【蒸留方法】常圧蒸留
【貯蔵方法】タンク
【容量＆小売価格】720mℓ／2070円

沖縄｜泡盛

琉球王朝

【蔵元】(株)多良川(沖縄県宮古郡)
【原料】米麹
【アルコール度数】30度
【蒸留方法】常圧蒸留
【貯蔵方法】タンク・甕
【容量&小売価格】720mℓ／1850円(県外価格)

↑良質な硬水で仕込み、じっくり熟成させた深い味わいが特徴。

←芳醇な香りとコクがあり、熟成された甘味をもつ古酒。

沖縄｜泡盛

豊年

【蔵元】渡久山酒造所(沖縄県宮古郡)
【原料】米麹
【アルコール度数】35度
【蒸留方法】常圧蒸留
【貯蔵方法】タンク
【容量&小売価格】720mℓ／2500円

鹿児島｜いも焼酎

黒 伊佐錦

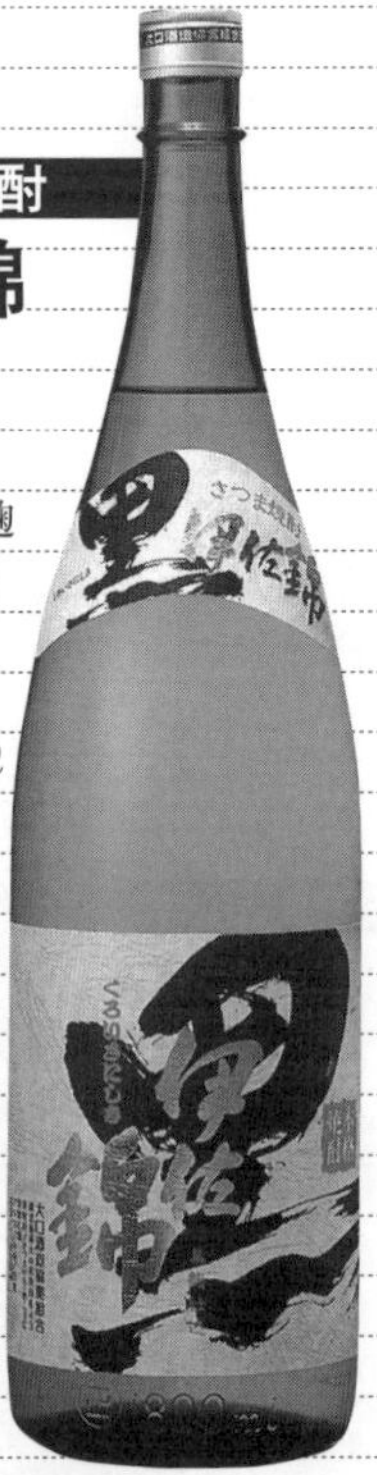

【蔵元】大口酒造(協)(鹿児島県大口市)
【原料】さつまいも・米麹
【アルコール度数】25度
【蒸留方法】常圧蒸留
【貯蔵方法】タンク
【容量&小売価格】1.8ℓ／1620円

→黒麹で仕込み、いもの華やいだ香りと、厚みのある味。

→長期熟成させた、芳醇で豊かな味わい。

沖縄｜泡盛

どなん

30度古酒

【蔵元】国泉泡盛(名)(沖縄県八重山郡)
【原料】米麹
【アルコール度数】30度
【蒸留方法】常圧蒸留
【貯蔵方法】タンク
【容量&小売価格】450mℓ／2400円

➔原料や水を厳選し、杜氏が丹精こめて造った逸品。甘い香りが特徴。

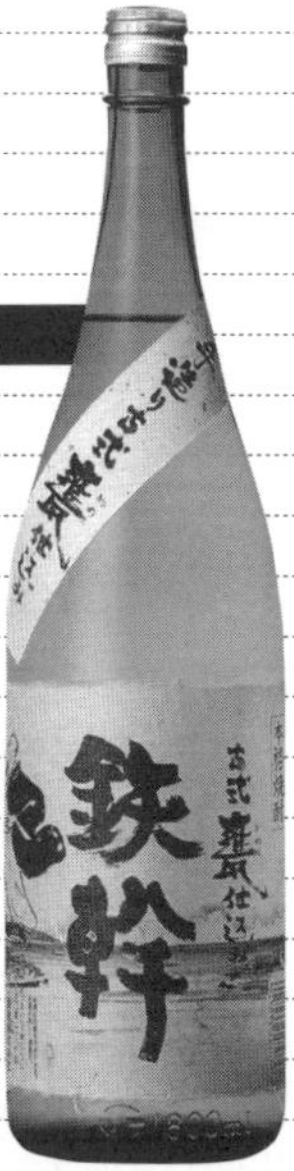

鹿児島｜いも焼酎

鉄幹

【蔵元】 オガタマ酒造(株)(鹿児島県河内市)
【原料】 さつまいも・米麹
【アルコール度数】 25度　**【蒸留方法】** 常圧蒸留　**【貯蔵方法】** タンク
【容量＆小売価格】 720mℓ／1010円、1.8ℓ／2030円（九州価格）

鹿児島｜いも焼酎

にごり酒芋

←独特ないもの甘味と香りが、いも焼酎のうまさを一層引きたてる。

【蔵元】 鹿児島酒造(株)(鹿児島県阿久根市)
【原料】 さつまいも・米麹
【アルコール度数】 25度
【蒸留方法】 常圧蒸留
【貯蔵方法】 タンク
【容量＆小売価格】 720mℓ／1100円、1.8ℓ／1950円

←南薩摩産のさつまいもを使用した黒麹を使用し、華やかな香りを醸す。

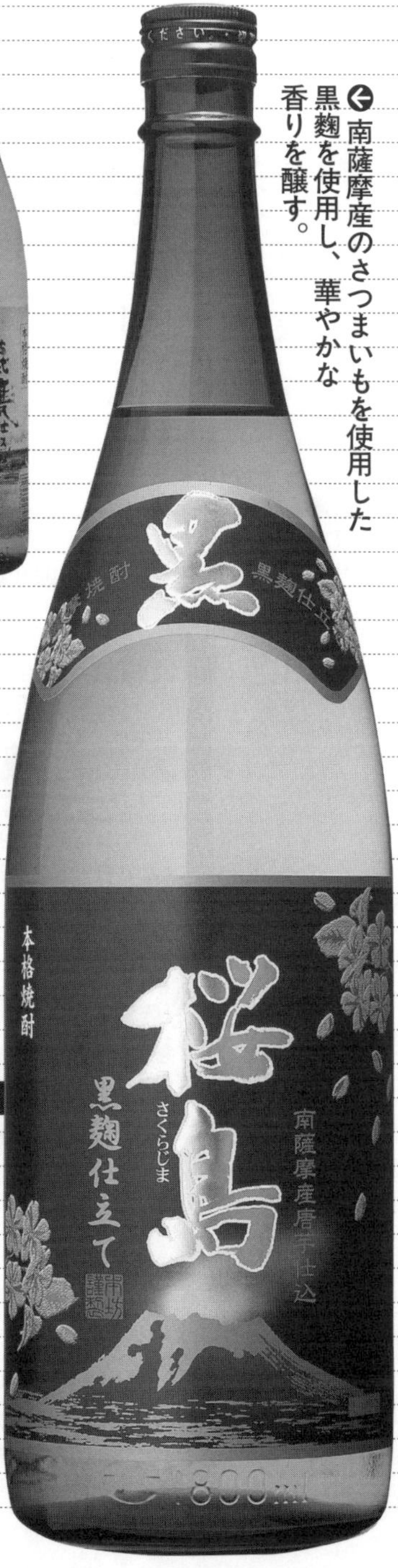

鹿児島｜いも焼酎

黒麹仕立て　桜島

【蔵元】 本坊酒造(株)(鹿児島県鹿児島市)
【原料】 さつまいも・米麹
【アルコール度数】 25度
【蒸留方法】 常圧蒸留
【貯蔵方法】 タンク
【容量＆小売価格】 1.8ℓ／1740円

500年に及ぶ焼酎文化と杜氏の技が融合した一品。世代を超えて愛されている。

鹿児島｜いも焼酎

さつま白波 伝承

【蔵元】 薩摩酒造(株)(鹿児島県枕崎市)
【原料】 さつまいも・米麴
【アルコール度数】 25度
【蒸留方法】 常圧蒸留
【貯蔵方法】 タンク
【容量&小売価格】 720mℓ／1000円

霧島山系の名水で仕込み、いもの香りがソフト。

鹿児島｜いも焼酎

さつま国分

【蔵元】 国分酒造(協)(鹿児島県国分市)
【原料】 さつまいも・米麴
【アルコール度数】 25度
【蒸留方法】 常圧蒸留
【貯蔵方法】 タンク
【容量&小売価格】 1.8ℓ／1660円（関東価格）

白麴を使用した、手づくり焼酎。甘口で深みのある味。

鹿児島｜いも焼酎

玉露 本甕仕込み

【蔵元】 (有)中村酒造場（鹿児島県国分市）
【原料】 さつまいも・米麴
【アルコール度数】 25度
【蒸留方法】 常圧蒸留
【貯蔵方法】 タンク
【容量&小売価格】 720mℓ／1030円
1.8ℓ／1950円

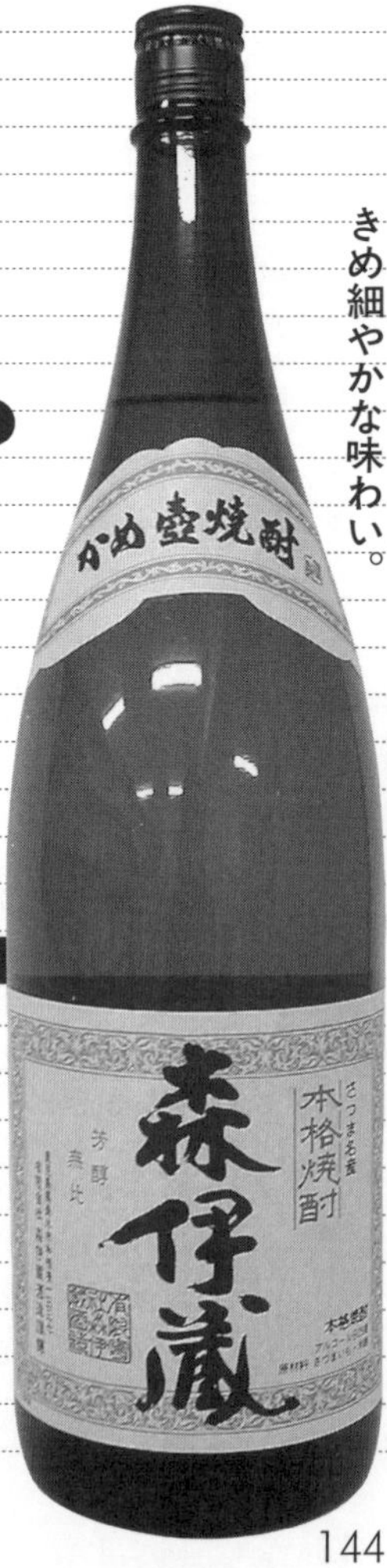

昔ながらの甕壺仕込みで熟成発酵させた。きめ細やかな味わい。

鹿児島｜いも焼酎

森伊蔵

【蔵元】 (有)森伊蔵酒造(鹿児島県垂水市)
【原料】 さつまいも・米麴
【アルコール度数】 25度
【蒸留方法】 常圧蒸留
【貯蔵方法】 タンク
【容量&小売価格】 1.8ℓ／2500円

沖縄 鹿児島 宮崎 熊本 大分 長崎 福岡 佐賀 高知 長野 東京 福島 北海道
泡盛 いも 黒糖 米 麦 そば 牛乳 粕取り じゃがいも 人参 栗 長いも ごま

鹿児島｜いも焼酎

こしき海洋深層水使用

海童 祝の赤

➔割水に海洋深層水を一〇〇%使用。さつまいもの甘い香りと深い味わいが特徴。

【蔵元】濱田酒造(株)(鹿児島県串木野市)
【原料】さつまいも・米麹
【アルコール度数】25度
【蒸留方法】常圧蒸留
【貯蔵方法】タンク
【容量＆小売価格】720mℓ／1100円（化粧箱入りのものは1200円）

鹿児島｜いも焼酎

小牧

🡐完全甕仕込みによって造られ、濃厚なコクや旨味をもつ。

【蔵元】小牧醸造(資)(鹿児島県薩摩郡)
【原料】さつまいも・米麹
【アルコール度数】25度
【蒸留方法】常圧蒸留
【貯蔵方法】タンク
【容量＆小売価格】1.8ℓ／2100円

➔地元出身の杜氏が造り、地元で愛され続けている焼酎。

鹿児島｜いも焼酎

さつま大海

【蔵元】大海酒造(協)(鹿児島県鹿屋市)
【原料】さつまいも・米麹
【アルコール度数】25度
【蒸留方法】常圧蒸留
【貯蔵方法】タンク
【容量＆小売価格】1.8ℓ／1660円(関東価格)

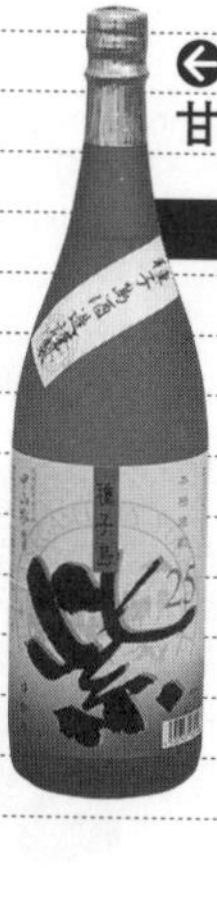

🡐種子島の紫いもを原料に使用し、甘い香りに仕上げた軽やかなのどごし。

鹿児島｜いも焼酎

紫ゆかり

【蔵元】種子島酒造(株)(鹿児島県西之表市)
【原料】さつまいも・米麹
【アルコール度数】25度
【蒸留方法】常圧蒸留
【貯蔵方法】タンク
【容量＆小売価格】1.8ℓ／2510円(関東価格)

鹿児島｜いも焼酎

薩摩宝山

【蔵元】西酒造(株)(鹿児島県日置郡)
【原料】さつまいも・米麹
【アルコール度数】25度
【蒸留方法】常圧蒸留
【貯蔵方法】タンク
【容量&小売価格】1.8ℓ／1720円

⬆さつまいもの甘い香りと、キレのよい口当たり。

鹿児島｜いも焼酎

有機いも焼酎

天地水楽

【蔵元】小正醸造(株)(鹿児島県日置郡)
【原料】さつまいも・米麹
【アルコール度数】25度
【蒸留方法】常圧蒸留
【容量&小売価格】720mℓ／1500円、1.8ℓ／2800円

➡有機栽培されたさつまいもを使用。コクがあり、口当たりがやわらかい。

⬅黄麹で仕込み、上品で軽快な甘味をもつ。

鹿児島｜いも焼酎

七夕

【蔵元】田崎酒造(株)(鹿児島県日置郡)
【原料】さつまいも・米麹
【アルコール度数】25度
【蒸留方法】常圧蒸留
【貯蔵方法】甕
【容量&小売価格】1.8ℓ／1620円

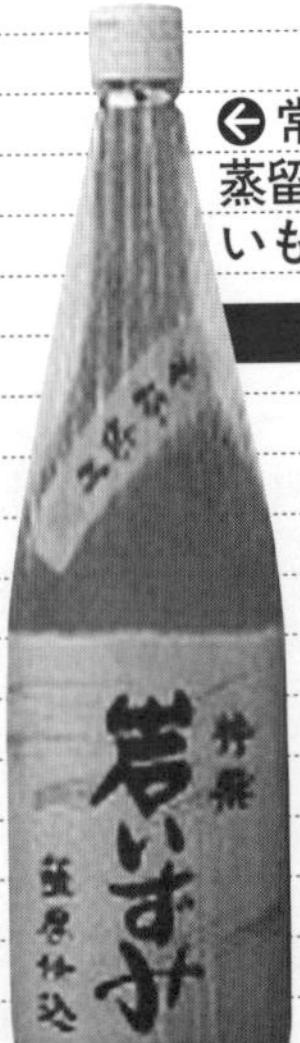

⬅常圧と減圧の二種類の蒸留方法で造られた数種のいも焼酎をブレンド。

鹿児島｜いも焼酎

岩いずみ

【蔵元】白露酒造(株)(鹿児島県揖宿郡)
【原料】さつまいも・米麹
【アルコール度数】25度
【蒸留方法】常圧蒸留・減圧蒸留
【貯蔵方法】タンク
【容量&小売価格】720mℓ／1000円、1.8ℓ／2000円

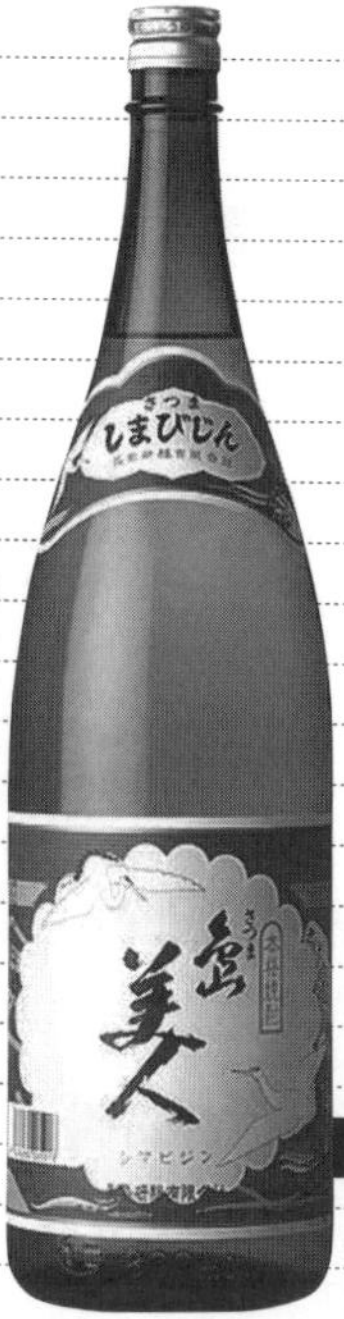

➔黒麹で仕込み、木樽蒸留器を用いて甕で仕込みを行うこだわりの焼酎。

鹿児島｜いも焼酎

山小舎の蔵 萬膳

【蔵元】（有）万膳酒造（鹿児島県姶良郡）
【原料】さつまいも・米麹
【アルコール度数】25度
【蒸留方法】常圧蒸留
【貯蔵方法】タンク・甕
【容量＆小売価格】1.8ℓ／2900円

➔まろやかな甘口で、飲み飽きないすっきりした口当たり。

鹿児島｜いも焼酎

さつま島美人

【蔵元】長島研醸（有）（鹿児島県出水郡）
【原料】さつまいも・米麹　【アルコール度数】25度
【蒸留方法】常圧蒸留　【貯蔵方法】タンク
【容量＆小売価格】1.8ℓ／1660円
（関東参考小売価格）

➔黒麹仕込みで、昔ながらの濃い、やわらかい味。

鹿児島｜いも焼酎

白金乃露 黒

【蔵元】白金酒造（株）（鹿児島県姶良郡）
【原料】さつまいも・米麹
【アルコール度数】25度
【蒸留方法】常圧蒸留
【貯蔵方法】タンク
【容量＆小売価格】0.9ℓ／870円、1.8ℓ／1660円（関東地区）

鹿児島｜いも焼酎

千亀女

【蔵元】若潮酒造（協）（鹿児島県曽於郡）
【原料】さつまいも・米麹
【アルコール度数】25度
【蒸留方法】常圧蒸留
【貯蔵方法】タンク
【容量＆小売価格】720mℓ／1100円、1.8ℓ／2100円

➔甕壺で仕込み、木樽蒸留器でじっくり蒸留した、限定品。

鹿児島｜いも焼酎

さつま黒若潮

【蔵元】若潮酒造(協)(鹿児島県曽於郡)
【原料】さつまいも・米麹
【アルコール度数】25度
【蒸留方法】常圧蒸留　【貯蔵方法】タンク
【容量＆小売価格】0.9ℓ／870円
1.8ℓ／1620円

↑黒麹で仕込み、
コクとまろやかさがあり、
後口にすっきりした
甘さが残る。

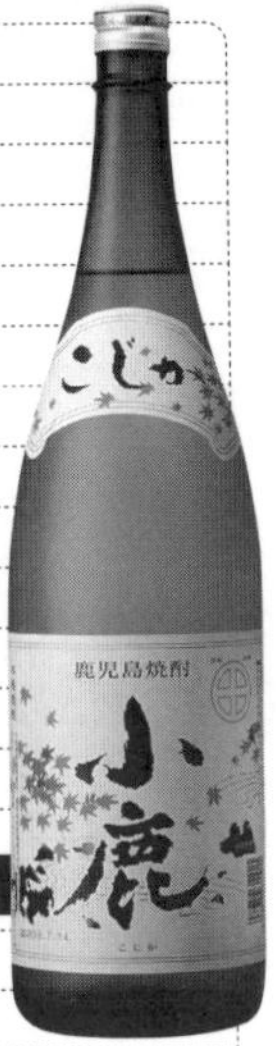

→すっきりと軽やかな
香りと味わい。

鹿児島｜いも焼酎

小鹿

【蔵元】小鹿酒造(協)(鹿児島県肝属郡)
【原料】さつまいも・米麹
【アルコール度数】25度
【蒸留方法】常圧蒸留
【貯蔵方法】タンク
【容量＆小売価格】1.8ℓ／1620円（九州・
山口県価格)

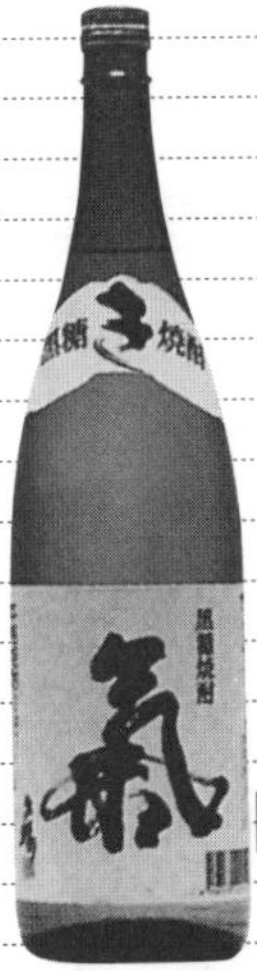

←丸みのある甘い味わいで、
口当たりがよい。

鹿児島｜黒糖焼酎

氣 白麹仕込み

【蔵元】(株)西平本家(鹿児島県名瀬市)
【原料】黒糖・米麹　【アルコール度数】25度
【蒸留方法】常圧蒸留
【貯蔵方法】タンク
【容量＆小売価格】720mℓ／1245円、1.8ℓ／1983円

→長期貯蔵し、
黒砂糖の甘い香りと
まろやかな口当たり。

鹿児島｜黒糖焼酎

里の曙

【蔵元】町田酒造(株)(鹿児島県大島郡)
【原料】黒糖・米麹　【アルコール度数】25度
【蒸留方法】減圧蒸留
【貯蔵方法】タンク
【容量＆小売価格】1.8ℓ／1910円(関東地方希望小売価格)

沖縄
鹿児島
宮崎
熊本
大分
長崎
福岡
佐賀
高知
長野
東京
福島
北海道

泡盛
いも
黒糖
米
麦
そば
牛乳
粕取り
じゃがいも
人参
栗
長いも
ごま

鹿児島｜黒糖焼酎
あじゃ

➔瓶壺仕込みで、杜氏黒瀬輝親が丹念に仕上げたこだわりの逸品。

【蔵元】(有)奄美大島にしかわ酒造(鹿児島県大島郡)
【原料】黒糖・米麹
【アルコール度数】30度
【蒸留方法】常圧蒸留
【貯蔵方法】タンク
【容量＆小売価格】0.9ℓ／1100円

鹿児島｜黒糖焼酎
朝日

🡐甘さとキレを兼ね備えた、口当たりとのどごし。

【蔵元】朝日酒造(株)(鹿児島県大島郡)
【原料】黒糖・米麹
【アルコール度数】30度
【蒸留方法】常圧蒸留
【貯蔵方法】タンク
【容量＆小売価格】1.8ℓ／1990円

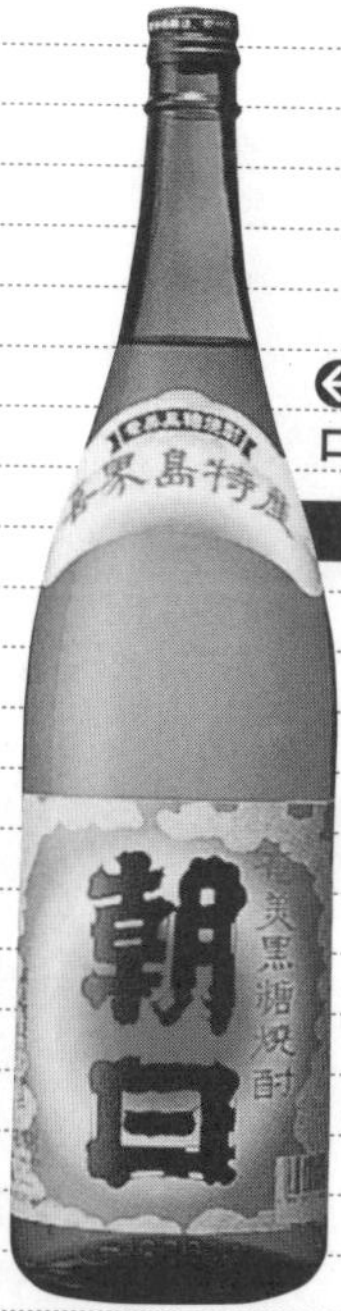

鹿児島｜黒糖焼酎
龍宮

➔黒麹を使用し、すっきりしたキレのある味わい。

【蔵元】(有)富田酒造場(鹿児島県名瀬市)
【原料】黒糖・米麹　**【アルコール度数】**30度
【蒸留方法】常圧蒸留　**【貯蔵方法】**タンク
【容量＆小売価格】1.8ℓ／1990円(島内価格)

鹿児島｜黒糖焼酎

昇龍

➡ コクとまろみがあり、豊かな香り。

【蔵元】原田酒造(株)(鹿児島県大島郡)
【原料】黒糖・米麹　【アルコール度数】40度
【蒸留方法】常圧蒸留　【貯蔵方法】タンク・樽
【容量＆小売価格】720mℓ／1955円(島内価格)

鹿児島｜黒糖焼酎

有泉

➡ アルコール度数は低めで、くせのないすっきりした飲み心地。

【蔵元】有村酒造(株)(鹿児島県大島郡)
【原料】黒糖・米麹
【アルコール度数】20度
【蒸留方法】常圧蒸留
【貯蔵方法】タンク
【容量＆小売価格】1.8ℓ／1491円

宮崎｜いも焼酎

京屋時代蔵 かんろ

➡ 原料には寿いも(紅いも)を用いた、深みのある個性。

【蔵元】京屋酒造(有)(宮崎県日南市)
【原料】さつまいも・米麹
【アルコール度数】25度
【蒸留方法】常圧蒸留
【貯蔵方法】タンク
【容量＆小売価格】720mℓ／1600円、1.8ℓ／3000円

宮崎｜いも焼酎

蒼い永劫

➡ なめらかで、キレがある。

【蔵元】落合酒造場(宮崎県宮崎市)
【原料】さつまいも・米麹・米
【アルコール度数】25度
【蒸留方法】常圧蒸留
【貯蔵方法】タンク
【容量＆小売価格】720mℓ／1160円、1.8ℓ／2060円

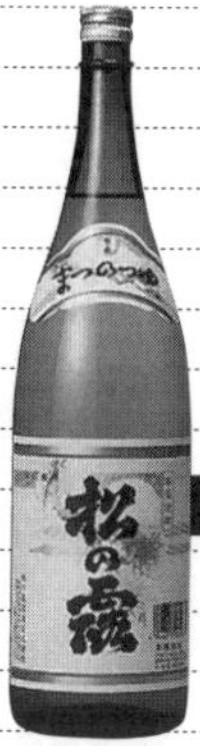

さつまいもの甘さを生かしたまろやかな味わい。

宮崎｜いも焼酎

松の露

【蔵元】松の露酒造(名)(宮崎県串間市)
【原料】さつまいも・米麹
【アルコール度数】25度
【蒸留方法】常圧蒸留　【貯蔵方法】タンク
【容量&小売価格】1.8ℓ／1620円（九州内）・1708円（九州外）

宮崎｜いも焼酎

八重桜

伝統的な造り方で創業以来愛され続けている。

【蔵元】古澤醸造(名)(宮崎県日南市)
【原料】さつまいも・米麹
【アルコール度数】25度
【蒸留方法】常圧蒸留
【貯蔵方法】タンク
【容量&小売価格】1.8ℓ／1720円

宮崎｜いも焼酎

あなたにひとめぼれ黒

黒麹を使用し、まろやかな味に仕上がっている。

【蔵元】都城酒造(有)(宮崎県都城市)
【原 料】さつまいも・麦・コーンスターチ・麦麹・米麹
【アルコール度数】25度
【蒸留方法】減圧蒸留
【貯蔵方法】タンク
【容量&小売価格】1.8ℓ／1600円

とろりとした甘味やすっきりとした後味。

宮崎｜いも焼酎

黒霧島

【蔵元】霧島酒造(株)(宮崎県都城市)
【原料】さつまいも・米麹
【アルコール度数】25度
【蒸留方法】常圧蒸留
【貯蔵方法】タンク
【容量&小売価格】1.8ℓ／1620円

宮崎｜いも焼酎

逢初

すっきりと
さわやかな飲み口の
なかに芳醇な
香りがただよう。

【蔵元】正春酒造(資)
(宮崎県西都市)
【原料】さつまいも・米麹
【アルコール度数】25度
【蒸留方法】減圧蒸留・常圧蒸留
【貯蔵方法】タンク
【容量＆小売価格】720mℓ／1100円

宮崎｜いも焼酎

月の中

いも焼酎の
旨味をもつ、
しっかりとした
コク。

【蔵元】岩倉酒造場
(宮崎県西都市)
【原料】さつまいも・米麹
【アルコール度数】25度
【蒸留方法】常圧蒸留
【貯蔵方法】タンク
【容量＆小売価格】720mℓ／1300円、1.8ℓ／2400円

宮崎｜いも焼酎

無月

長期甕貯蔵した
五年ものの古酒。

【蔵元】櫻の郷醸造(名)
(宮崎県南那珂郡)
【原料】さつまいも・米麹
【アルコール度数】37度
【蒸留方法】常圧蒸留
【貯蔵方法】甕
【容量＆小売価格】720mℓ／2000円

まろやかなのど越しと
さつまいもの甘い香り、
豊かな深いコク。

宮崎｜いも焼酎

㐂六

【蔵元】(資)黒木本店(宮崎県児湯郡)
【原料】さつまいも・米麹
【アルコール度数】25度
【蒸留方法】常圧蒸留
【貯蔵方法】タンク
【容量＆小売価格】720mℓ／1000円、1.8ℓ／1900円（九州価格）

宮崎｜麦焼酎

神武

←究極の長期樫樽貯蔵酒、13年ものの古酒。

【蔵元】井上酒造(株)(宮崎県南那珂郡)
【原料】麦・麦麹
【アルコール度数】41度
【蒸留方法】減圧蒸留
【貯蔵方法】樽
【容量&小売価格】720mℓ／4300円

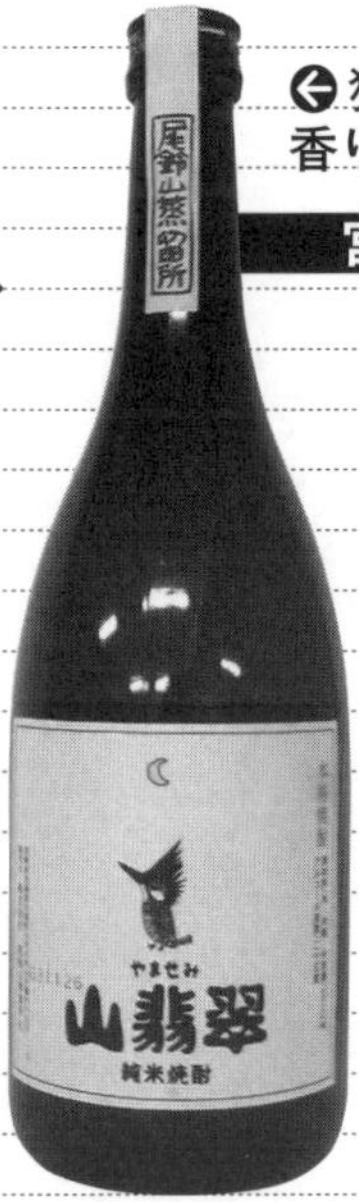

←独特なさわやかな香りと、ソフトな味わい。

宮崎｜米焼酎

山翡翠

【蔵元】(株)尾鈴山蒸留所(宮崎県児湯郡)
【原料】米・米麹
【アルコール度数】25度
【蒸留方法】常圧蒸留
【貯蔵方法】タンク
【容量&小売価格】720mℓ／1100円、1.8ℓ／2200円

→そば焼酎の発祥蔵。そばのほのかな香りと自然な甘味が口に広がる。

宮崎｜そば焼酎

雲海

【蔵元】雲海酒造(株)(宮崎県宮崎市)
【原料】そば・麦麹・米
【アルコール度数】25度
【蒸留方法】減圧蒸留
【貯蔵方法】タンク
【容量&小売価格】0.9ℓ／920円、1.8ℓ／1780円

宮崎｜麦焼酎

くろうま 長期貯蔵酒

→弱アルカリ性の水を使用、樫樽で貯蔵した、まろやかな味わい。

【蔵元】神楽酒造(株)(宮崎県西臼杵郡)
【原料】麦・麦麹　【アルコール度数】25度
【蒸留方法】減圧蒸留　【貯蔵方法】樽
【容量&小売価格】0.9ℓ／1155円

熊本｜米焼酎

吟香 鳥飼

➡ 自家培養の酵母による吟醸香と淡い味わいが特徴。水割り、ロックがおすすめ。

【蔵元】(資)鳥飼酒造場
(熊本県人吉市)
【原料】米・米麹
【アルコール度数】25度
【蒸留方法】減圧蒸留
【貯蔵方法】タンク
【容量&小売価格】720mℓ／1800円

熊本｜米焼酎

川辺

⬅ ヒノヒカリを原料に、ミネラル分豊富な竹炭でろ過したやわらかい味。

【蔵元】峰の露酒造(株)
(熊本県人吉市)
【原料】米・米麹
【アルコール度数】25度
【蒸留方法】減圧蒸留
【貯蔵方法】タンク
【容量&小売価格】
720mℓ／1250円

熊本｜米焼酎

一勝地

⬅ 長期熟成させた、まろやかな口当たり。

【蔵元】(有)渕田酒造場
(熊本県人吉市)
【原料】米・米麹
【アルコール度数】25度
【蒸留方法】減圧蒸留
【貯蔵方法】樽
【容量&小売価格】
720mℓ／1280円

⬅ 蒸留後、1年から2年熟成させて出荷。マイルドな味わい。

【蔵元】(資)寿福酒造場
(熊本県人吉市)
【原料】米・米麹
【アルコール度数】35度
【蒸留方法】常圧蒸留
【貯蔵方法】タンク・甕
【容量&小売価格】1.8ℓ／2300円

熊本｜米焼酎

武者返し

熊本｜米焼酎

九代目

300余年続く蔵で造った、すっきりやわらかな味わい。

【蔵元】(資)宮元酒造場(熊本県球磨郡)
【原料】米・米麹
【アルコール度数】25度
【蒸留方法】減圧蒸留
【貯蔵方法】タンク
【容量&小売価格】1.8ℓ／2000円

熊本｜米焼酎

彩葉

【蔵元】(資)深野酒造本店(熊本県人吉市)
【原料】米・米麹
【アルコール度数】25度
【蒸留方法】減圧蒸留
【貯蔵方法】甕
【容量&小売価格】720mℓ／1040円

モンドコレクション2年連続金賞受賞。すっきりした飲みやすさ。

熊本｜米焼酎

白岳しろ

心地よい米の香りとソフトな口当たり。

【蔵元】高橋酒造(株)(熊本県人吉市)
【原料】米・米麹
【アルコール度数】25度
【蒸留方法】減圧蒸留
【貯蔵方法】タンク
【容量&小売価格】720mℓ／1040円

熊本｜米焼酎

文蔵

手づくり麹、甕仕込み、常圧蒸留といった旧来からの製法を用いて製造。

【蔵元】木下醸造所(熊本県球磨郡)
【原料】米・米麹
【アルコール度数】25度
【蒸留方法】常圧蒸留
【貯蔵方法】タンク
【容量&小売価格】1.8ℓ／1800円

熊本｜米焼酎

豊永蔵

球磨産のオーガニック認証米を用いた、手づくり焼酎。ほのかな吟醸香が特徴。

【蔵元】(名)豊永酒造（熊本県球磨郡）
【原料】米・米麹
【アルコール度数】25度
【蒸留方法】減圧蒸留
【貯蔵方法】タンク
【容量＆小売価格】720mℓ／1333円　1.8ℓ／2333円

熊本｜米焼酎

釂エクセレンス

ホワイトオーク樽に30年間貯蔵し、本格米焼酎がベース。

【蔵元】房の露(株)（熊本県球磨郡）
【原料】米・米麹・麦
【アルコール度数】35度
【蒸留方法】減圧蒸留
【貯蔵方法】樽
【容量＆小売価格】720mℓ／3500円

熊本｜米焼酎

特吟 六調子

甘味とコクの調和がとれた長期貯蔵酒。

【蔵元】六調子酒造(株)(熊本県球磨郡)
【原料】米・米麹
【アルコール度数】35度
【蒸留方法】常圧蒸留　【貯蔵方法】タンク
【容量＆小売価格】720mℓ／2000円

熊本｜牛乳焼酎

牧場の夢

牛乳と温泉水と米を同時に発酵させ、フルーティな香りを醸した、やさしい味。

【蔵元】(資)大和一酒造元（熊本県人吉市）
【原料】牛乳・温泉水・米・米麹
【アルコール度数】25度
【蒸留方法】減圧蒸留
【貯蔵方法】タンク
【容量＆小売価格】720mℓ／1645円

大分 | 麦焼酎

銀座のすずめ 黒麹

➡ 麦本来の旨味と芳醇な香り、深い味わい。

【蔵元】八鹿酒造(株)
(大分県玖珠郡)
【原料】麦・麦麹
【アルコール度数】
25度
【蒸留方法】減圧蒸留
【貯蔵方法】タンク
【容量＆小売価格】
1.8ℓ／1780円

大分 | 麦焼酎

兼八

➡ 麦本来の香りと味が引き出された深みのある本格麦焼酎。

【蔵元】四ツ谷酒造(有)
(大分県宇佐市)
【原料】麦・麦麹
【アルコール度数】25度
【蒸留方法】常圧蒸留
【貯蔵方法】タンク
【容量＆小売価格】
1.8ℓ／1800円
(九州価格)

大分 | 麦焼酎

香吟のささやき

➡ 低温発酵し、フルーティな香りを醸す。

【蔵元】ぶんご銘醸(株)
(大分県南海部郡)
【原料】麦・麦麹
【アルコール度数】28度
【蒸留方法】減圧蒸留
【貯蔵方法】タンク
【容量＆小売価格】
720mℓ／1360円

大分 | 粕取り焼酎

碧雲

➡ 昔ながらの蒸籠で蒸留した、やわらかい口当たり。

【蔵元】佐藤酒造(株)
(大分県直入郡)
【原料】酒粕
【アルコール度数】25度
【蒸留方法】常圧蒸留
【貯蔵方法】タンク
【容量＆小売価格】720mℓ／1530円
1.8ℓ／1760円

長崎｜麦焼酎

猿川《さるこー》

← 重厚な香味。本格派麦焼酎のファンにはたまらない。

【蔵元】猿川伊豆酒造場
(長崎県壱岐郡)
【原料】麦・米麹
【アルコール度数】25度
【蒸留方法】常圧蒸留
【貯蔵方法】タンク
【容量＆小売価格】1.8ℓ／1640円

← 麦の香りと米麹の天然の甘味。

長崎｜麦焼酎

オールド壱岐

【蔵元】玄海酒造(株)
(長崎県壱岐郡) 【原料】麦・米麹
【アルコール度数】25度
【蒸留方法】減圧蒸留
【貯蔵方法】タンク
【容量＆小売価格】720mℓ／1176円
(税込み)

→ 原酒を3年以上寝かせて出荷。麦の風味と米の甘さが調和。

長崎｜麦焼酎

天の川

【蔵元】天の川酒造(株)
(長崎県壱岐郡)
【原料】麦・米麹
【アルコール度数】25度
【蒸留方法】常圧蒸留
【貯蔵方法】タンク
【容量＆小売価格】1.8ℓ／
1620円 (関東価格)

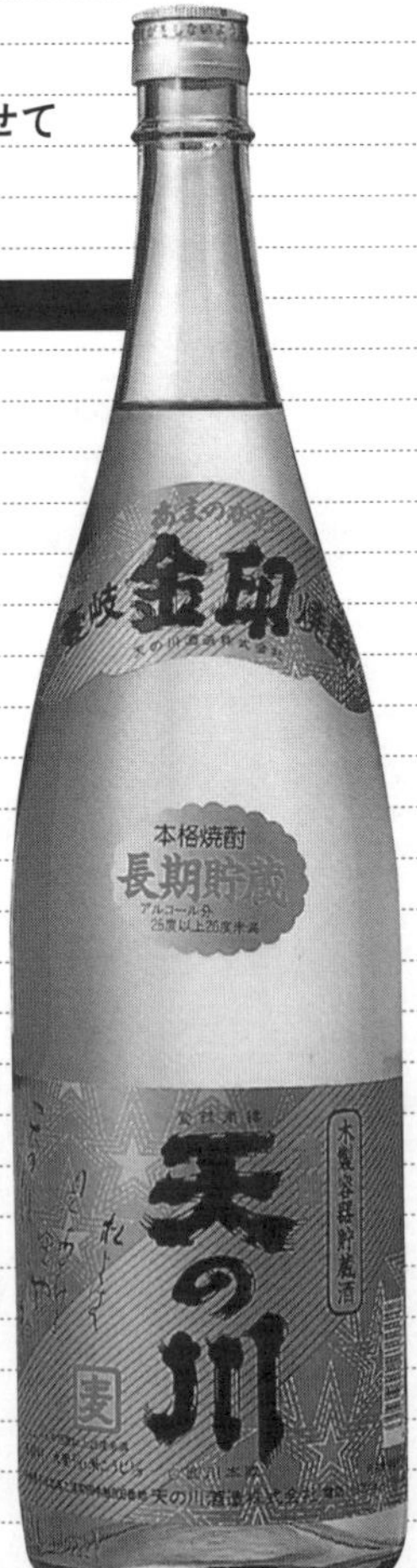

長崎｜麦焼酎

初代嘉助

レギュラーボトル

【蔵元】(株)壱岐の華
(長崎県壱岐郡) 【原料】麦・米麹
【アルコール度数】25度
【蒸留方法】常圧蒸留
【貯蔵方法】タンク
【容量＆小売価格】1.8ℓ／2000円

← 創業一〇〇周年のメモリアル商品。初代長田嘉助の名を冠した、麦の熟成香が特徴の自信作。

沖縄 鹿児島 宮崎 熊本 大分 長崎 福岡 佐賀 高知 長野 東京 福島 北海道
泡盛 いも 黒糖 米 麦 そば 牛乳 粕取り じゃがいも 人参 栗 長いも ごま

← 樫樽で長期熟成。

福岡｜麦焼酎

吾空

【蔵元】(株)喜多屋(福岡県八女市)
【原料】麦・麦麹
【アルコール度数】25度
【蒸留方法】常圧蒸留
【貯蔵方法】樽
【容量&小売価格】720mℓ／1200円

長崎｜麦焼酎

壱岐っ娘

→ 麦の風味と米麹の旨味がほどよく調和。

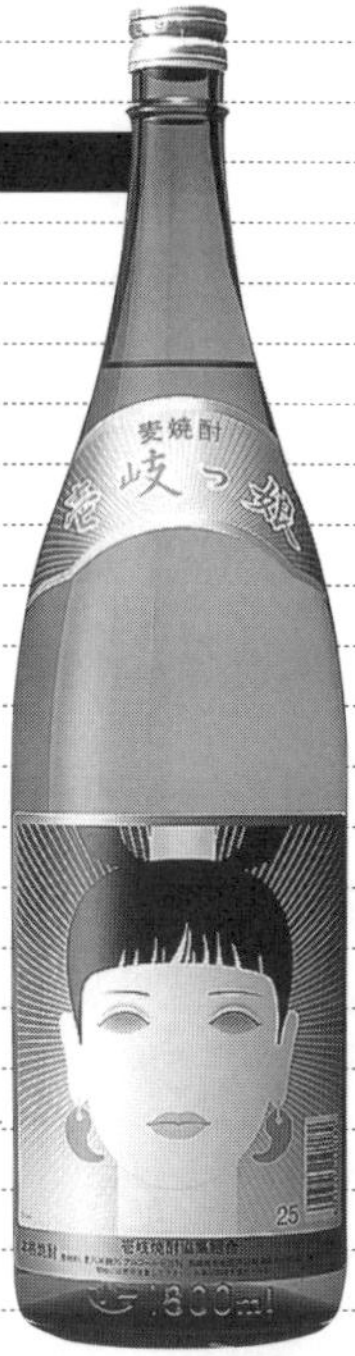

【蔵元】壱岐焼酎(協)(長崎県壱岐郡)
【原料】麦・米麹
【アルコール度数】25度
【蒸留方法】減圧蒸留
【貯蔵方法】タンク
【容量&小売価格】1.8ℓ／1584円(関東価格)

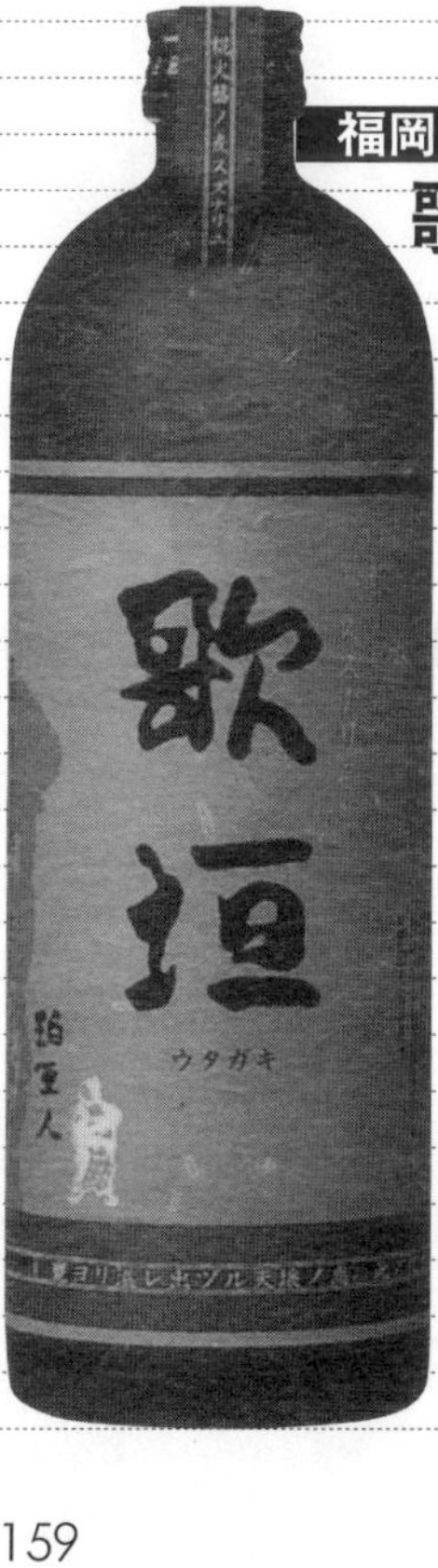

福岡｜麦焼酎

歌垣

← 麦で全麹仕込みをして、三年以上甕で貯蔵。

← 長崎県産のじゃがいもを原料に、天然広葉原生林の湧き水を仕込みに。

長崎｜じゃがいも焼酎

じゃがたらお春

【蔵元】福田酒造(株)(長崎県平戸市)
【原料】じゃがいも・麦・米麹
【アルコール度数】25度
【蒸留方法】減圧蒸留
【容量&小売価格】720mℓ／1100円　1.8ℓ／1780円

【蔵元】(株)杜の蔵(福岡県三潴郡)
【原料】麦麹　【アルコール度数】25度
【蒸留方法】常圧蒸留
【貯蔵方法】甕　【容量&小売価格】720mℓ／1350円、1.8ℓ／2800円

佐賀｜米焼酎

吟酔人《ぎんすいと》

【蔵元】 窓乃梅酒造(株)(佐賀県佐賀郡)
【原料】 米・米麹
【アルコール度数】 20度
【蒸留方法】 減圧蒸留
【貯蔵方法】 タンク
【容量＆小売価格】 720mℓ／1050円

↑ 吟醸香の高い酵母を使用し、米だけで仕込み。

福岡｜ごま焼酎

紅乙女

→ ほのかなごまの香りとまろやかな味のハーモニーを奏でた、長期貯蔵酒。

【蔵元】 (株)紅乙女酒造(福岡県浮羽郡)
【原料】 麦・米麹・ごま
【アルコール度数】 25度
【蒸留方法】 減圧蒸留
【貯蔵方法】 タンク
【容量＆小売価格】 720mℓ／1445円

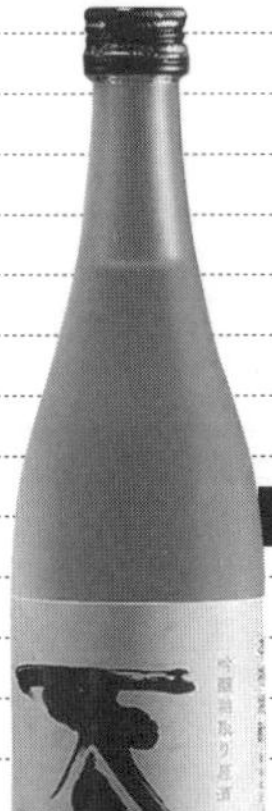

佐賀｜粕取り焼酎

天吹

吟醸粕取り原酒

← 吟醸の酒粕で造った香り豊かな焼酎。

【蔵元】 天吹酒造(資)(佐賀県三養基郡)　**【原料】** 酒粕
【アルコール度数】 36度
【蒸留方法】 減圧蒸留　**【貯蔵方法】** 甕
【容量＆小売価格】 720mℓ／1800円

← 人参とは思えないフルーティな香りとくせのないすっきりした、やさしい味。

福岡｜人参焼酎

珍

【蔵元】 研醸(株)(福岡県三井郡)
【原料】 人参・米・米麹
【アルコール度数】 25度
【蒸留方法】 減圧蒸留
【貯蔵方法】 タンク
【容量＆小売価格】 720mℓ／1350円、1.8ℓ／1780円

長野｜そば焼酎

峠 35°

そばのコクと風味を最大限に引き出した、こだわりの逸品。

【蔵元】 橘倉酒造(株)(長野県南佐久郡)
【原料】 そば・米麹 **【アルコール度数】** 35度
【蒸留方法】 常圧蒸留 **【貯蔵方法】** タンク
【容量&小売価格】 720mℓ／1751円

高知｜栗焼酎

四万十ミステリアス・リザーブ

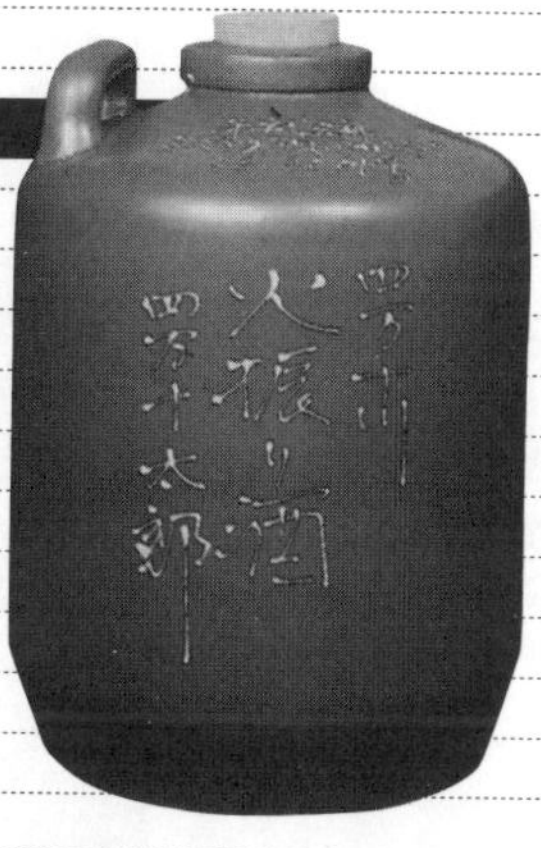

栗焼酎「ダバダ火振」の原酒を貯蔵するオーナー権を販売。約4年半後にコクのある味が楽しめる。

【蔵元】 (株)無手無冠
(高知県幡多郡)
【原料】 栗・麦・米麹
【アルコール度数】 33度
【蒸留方法】 減圧蒸留
【貯蔵方法】 甕
【容量&小売価格】 18ℓ／
4万10円

長野｜そば焼酎

極上 しな野

原酒をオーク樽で貯蔵熟成。樽の芳香とコク、まろやかな甘味が特徴。

【蔵元】 千曲錦酒造(株)
(長野県佐久市)
【原料】 そば・米麹
【アルコール度数】 25度
【蒸留方法】 減圧蒸留
【貯蔵方法】 樽
【容量&小売価格】
720mℓ／1525円

東京｜いも焼酎

八重椿

➔さつまいもの香りをおさえ、甘味を残す。さつまいもと麦のブレンド焼酎。

【蔵元】八丈島酒造(名)(東京都八丈島)
【原料】さつまいも・麦・麦麹
【アルコール度数】25度
【蒸留方法】常圧蒸留
【貯蔵方法】タンク
【容量＆小売価格】720mℓ／850円、1.8ℓ／1660円

東京｜麦焼酎

盛若 樫樽貯蔵

←ワインを熟成させた樫樽を用いて貯蔵熟成。

【蔵元】神津島酒造(名)(東京都神津島村)
【原料】麦・麦麹
【アルコール度数】25度
【蒸留方法】減圧蒸留
【貯蔵方法】樽
【容量＆小売価格】700mℓ／オープン価格

東京｜麦焼酎

御神火 凪海

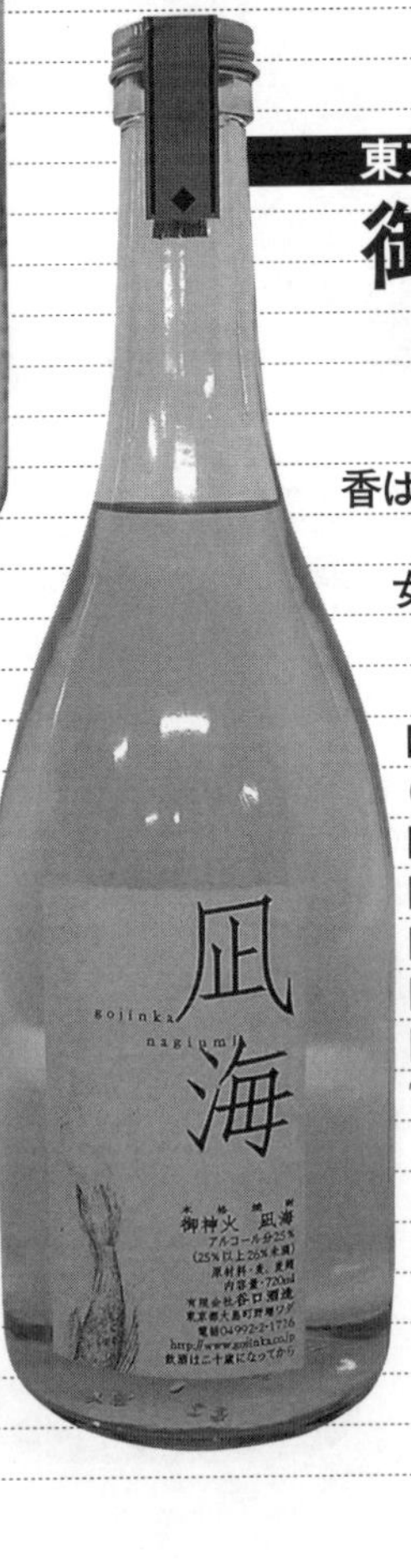

←甘味のある香ばしさと味わい深いコクが印象的。女性に好まれる。

【蔵元】谷口酒造(有)(東京都大島町)
【原料】麦・麦麹
【アルコール度数】25度
【蒸留方法】常圧蒸留
【貯蔵方法】タンク
【容量＆小売価格】720mℓ／1080円

東京｜麦焼酎

嶋自慢

←麦の香ばしさと、ほんのりと甘い香り。

【蔵元】宮原酒造(名)(東京都新島村)
【原料】麦・麦麹
【アルコール度数】25度
【蒸留方法】常圧蒸留
【貯蔵方法】タンク
【容量＆小売価格】700mℓ／858円（島内価格）

東京｜麦焼酎

黒潮

➔麦とさつまいもをブレンドして造り、麦の香ばしさとやわらかい口当たりが特徴。

【蔵元】坂下酒造(有)
(東京都八丈島)
【原料】麦・さつまいも・麦麹
【アルコール度数】25度
【蒸留方法】常圧蒸留
【貯蔵方法】タンク
【容量＆小売価格】720mℓ／850円、1.8ℓ／1660円

➔フルーティな花の香りで味わいはまろやか。口当たりは軽い。

東京｜麦焼酎

情け嶋
(しまなさけ)

【蔵元】八丈興発(株)
(東京都八丈島)
【原料】麦・麦麹
【アルコール度数】25度
【蒸留方法】常圧蒸留・減圧蒸留
【貯蔵方法】タンク
【容量＆小売価格】700mℓ／860円

東京｜麦焼酎

島の華

🡐銅製のポットスチールの蒸留器を使い、さらりとした口当たり。

【蔵元】樫立酒造(株)
(東京都八丈島)
【原料】麦・麦麹
【アルコール度数】25度
【蒸留方法】常圧蒸留
【貯蔵方法】タンク
【容量＆小売価格】700mℓ／795円

福島｜粕取り焼酎

會津武家焼酎

🡐熟成させた清酒粕を原料とし、5年以上熟成貯蔵。

【蔵元】花春酒造(株)
(福島県会津若松市)
【原料】酒粕
【アルコール度数】35度
【蒸留方法】常圧蒸留
【貯蔵方法】タンク
【容量＆小売価格】720mℓ／1580円

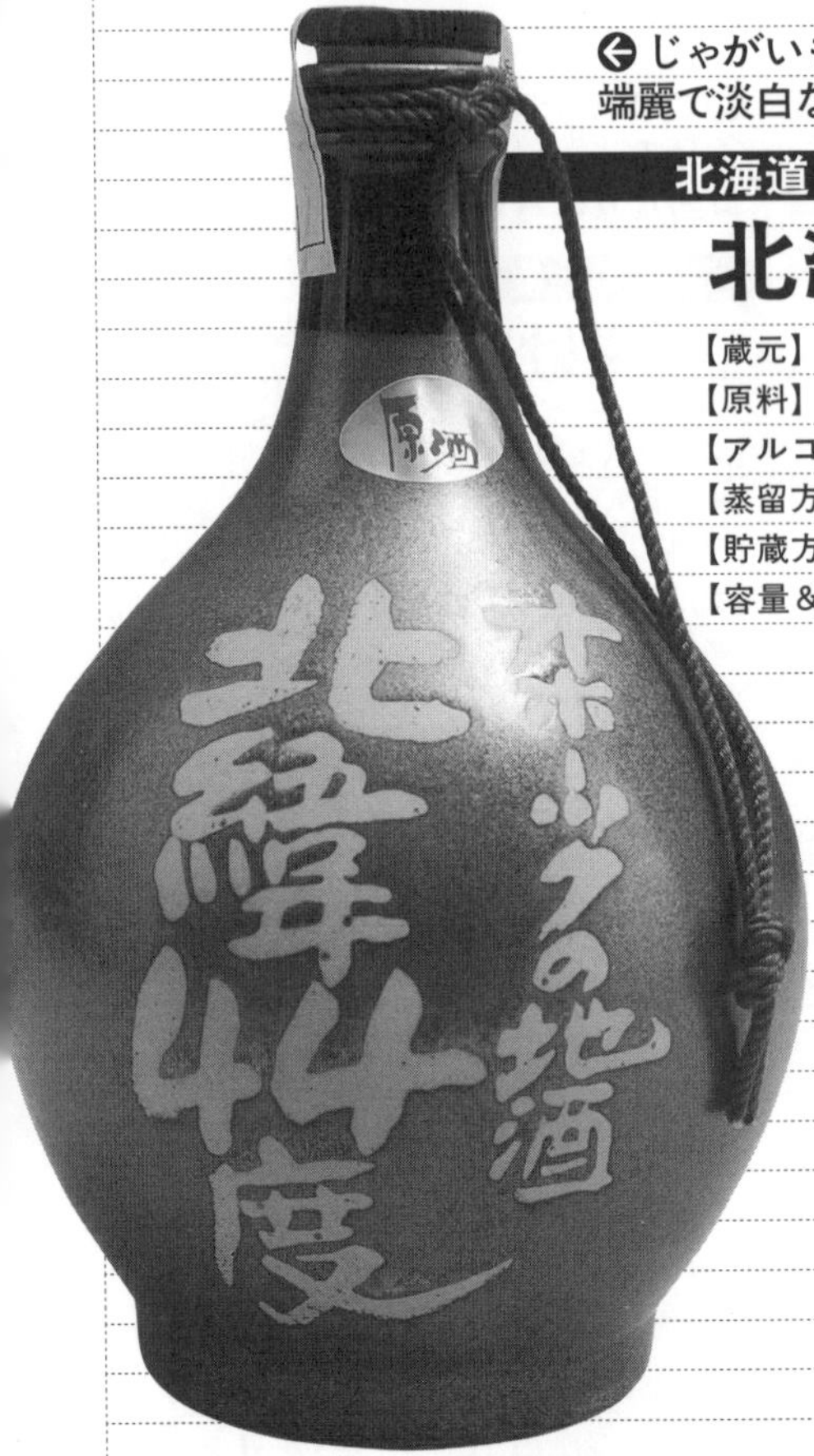

➡ じゃがいもを原料に、端麗で淡白な味わいに仕上がっている。

北海道｜じゃがいも焼酎

北緯44度

【蔵元】清里町焼酎醸造事業所(北海道斜里郡)
【原料】じゃがいも・麦麹
【アルコール度数】44度
【蒸留方法】常圧蒸留
【貯蔵方法】タンク
【容量＆小売価格】720mℓ／2220円

北海道｜長いも焼酎

琥珀乃梟

➡ 長いもで造った香り豊かな焼酎。長期熟成した、まろやかな口あたり。

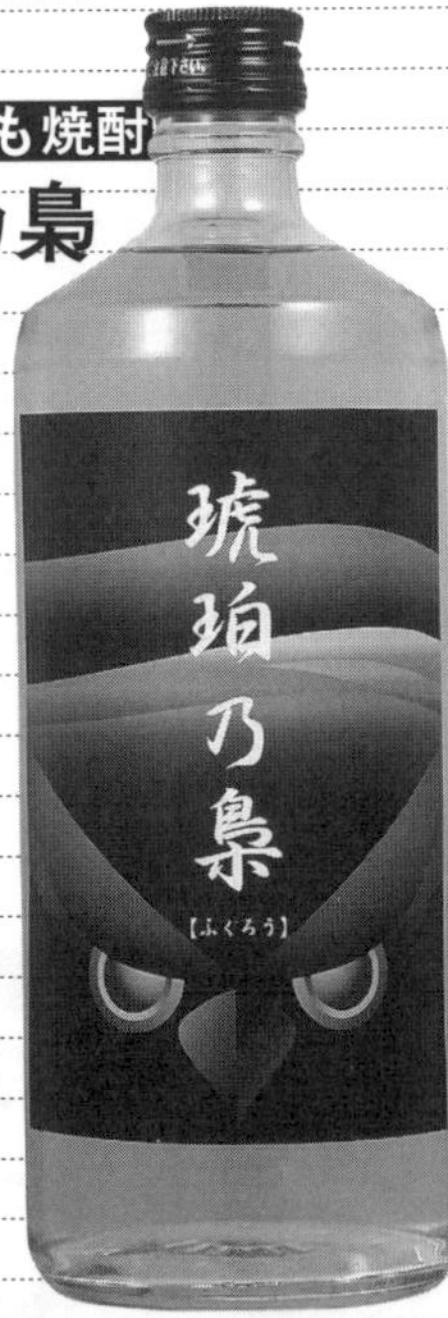

【蔵元】(株)石炭の歴史村観光（北海道夕張市）
【原料】長いも・麦麹・麦
【アルコール度数】25度
【蒸留方法】減圧蒸留
【貯蔵方法】樽
【容量＆小売価格】720mℓ／1090円

➡ 北海道産のじゃがいもを使用、やさしくやわらかな味わい。

北海道｜じゃがいも焼酎

ピリカ伝説 25°

【蔵元】北の誉酒造(株)(北海道小樽市)
【原料】じゃがいも・米麹
【アルコール度数】25度
【蒸留方法】減圧蒸留
【貯蔵方法】タンク
【容量＆小売価格】720mℓ／1050円

本格焼酎が買える
全国の酒販店100選

ここで紹介する酒販店は、本格焼酎が揃っている店ばかり。
通信販売をしている店もあるので、チェックしてみては。

福島県◎足利屋さいとう酒店
住所●郡山市虎丸町2-17
電話●024-932-1656　ファックス●024-932-1656
HP●なし
営業時間●9時30分～22時　定休日●日曜

福島県◎一二三屋
住所●いわき市平字月見町33-5
電話●0246-21-1238　ファックス●0246-21-8321
HP●http://www.abc-iwaki.com/co/hifumiya
営業時間●9時～20時　定休日●1月1日

茨城県◎酒のしみず屋
住所●ひたちなか市東大島2-2-21
電話●029-274-4338　ファックス●029-274-4338
HP●なし
営業時間●9時～20時　定休日●日曜

栃木県◎目加田商店
住所●宇都宮市一番町2-3
電話●028-636-4433　ファックス●028-637-5250
HP●なし
営業時間●9時～20時　定休日●日曜、祝日

埼玉県◎稲荷屋
住所●さいたま市南区根岸5-24-5
電話●048-862-3870　ファックス●048-865-6836
HP●なし
営業時間●10時～22時　定休日●水曜

埼玉県◎近江屋酒店
住所●熊谷市大字肥塚1431-7
電話●048-521-1009　ファックス●048-521-3198
HP●http://www.nmc.ne.jp/hp1/ommiyasaketen
営業時間●7時～21時　定休日●日曜

青森県◎神酒店
住所●青森市北金沢1-15-23
電話●017-776-6089　ファックス●017-776-6580
HP●なし
営業時間●10時～22時　定休日●日曜

青森県◎中居酒店
住所●三沢市中央町2-7-21
電話●0176-53-2061　ファックス●0176-53-3798
HP●なし
営業時間●9時30分～23時30分　定休日●1月1日

岩手県◎山田酒店
住所●盛岡市開運橋通1-38
電話●019-624-2214　ファックス●019-624-2878
HP●http://www.yamadasaketen.co.jp
営業時間●10時～21時　定休日●1月1日

宮城県◎カネサ藤原屋
住所●仙台市若林区卸町1-1-1
電話●022-239-2323　ファックス●022-239-2677
HP●http://www.fujiwaraya.co.jp
営業時間●10時～20時　定休日●なし

福島県◎越後屋
住所●福島市黒岩字遠沖1-1
電話●024-546-1529　ファックス●024-546-1591
HP●なし
営業時間●9時30分～21時30分　定休日●なし

福島県◎郡山伊勢屋
住所●郡山市並木3-6-2
電話●024-922-0400　ファックス●024-939-0400
HP●なし
営業時間●9時30分～18時30分　定休日●日曜、祝日

東京都◎長野屋

住所●港区西麻布2-11-7
電話●03-3400-6405　ファックス●03-3400-6635
HP●http://www.nagano-ya.com/
営業時間●９時～21時　定休日●日曜、祝日

東京都◎虎ノ門升本

住所●港区虎ノ門1-7-6
電話●03-3501-2810　ファックス●03-3501-2653
HP●なし
営業時間●９時30分～19時30分　定休日●土曜、日曜、祝日

東京都◎西ノ宮酒店

住所●千代田区神田神保町1-31
電話●03-3292-2438　ファックス●03-3292-2438
HP●なし
営業時間●９時～19時30分、土曜は12時から　定休日●日曜、祝日

東京都◎九州文化邑

住所●中央区銀座5-7-6　銀座第２岩崎ビルB1F
電話●03-5568-1119　ファックス●03-5568-1129
HP●なし
営業時間●11時～20時　定休日●なし

東京都◎内藤商店

住所●品川区西五反田5-3-5
電話●03-3493-6565　ファックス●03-3491-1488
HP●なし
営業時間●９時30分～22時30分　定休日●日曜、祝日

東京都◎新川屋田島酒店

住所●渋谷区神宮前2-4-1
電話●03-3401-4462　ファックス●03-3402-7776
HP●なし
営業時間●９時～21時　定休日●日曜、祝日

東京都◎山内酒店

住所●世田谷区池尻4-29-18
電話●03-3422-3455　ファックス●03-3422-3516
HP●なし
営業時間●11時～22時、日曜・祝日は13時から　定休日●火曜

東京都◎朝日屋酒店

住所●世田谷区赤堤1-14-13
電話●03-3324-1155　ファックス●03-3324-1151
HP●http://hw001.gate01.com/~asahiya/
営業時間●10時～20時　定休日●水曜

東京都◎九州文化邑烏山店

住所●世田谷区北烏山7-12-20
電話●03-3300-2600　ファックス●03-3300-3305
HP●なし
営業時間●11時～21時　定休日●なし

埼玉県◎酒のぎょうだ

住所●羽生市西3-4-10
電話●048-561-1406　ファックス●048-561-1495
HP●http://www.gyo-da.co.jp/list/saitama.html
営業時間●９時30分～21時　定休日●なし

埼玉県◎今宮屋酒店

住所●蓮田市西新宿2-99
電話●048-769-5127　ファックス●048-769-0813
HP●なし
営業時間●９時～20時　定休日●月曜

埼玉県◎酒乃こうた

住所●越谷市南越谷4-15-10
電話●048-987-1361　ファックス●048-987-1361
HP●http://www3.ocn.ne.jp/~kohta/
営業時間●10時～21時30分、日曜・祝日10時～20時　定休日●なし

埼玉県◎南星屋酒店

住所●入間市東藤沢1-4-5
電話●042-962-8810　ファックス●042-962-8810
HP●http://naboshiya.infoseek.livedoor.com/
営業時間●９時30分～22時30分　定休日●火曜

千葉県◎いまでや

住所●千葉市中央区仁戸名町714-4
電話●043-264-1200　ファックス●043-264-1239
HP●http://www.imadeya.co.jp
営業時間●10時～20時　日曜、祝日は19時まで　定休日●水曜

千葉県◎平野屋

住所●千葉市美浜区高洲1-1-8
電話●043-245-0956　ファックス●043-241-0436
HP●なし
営業時間●10時～21時　定休日●水曜

千葉県◎和幸酒販

住所●香取郡小見川町分郷218-1 ショッピングプラザアピオ内
電話●0478-82-2875　ファックス●0478-82-2874
HP●なし
営業時間●10時～20時　定休日●第３火曜

東京都◎四方

住所●港区赤坂3-12-21
電話●03-3585-6711　ファックス●03-3584-6555
HP●なし
営業時間●10時～翌１時　定休日●なし

東京都◎Sho-Chu AUTHORITY

住所●港区東新橋1-8-2　カレッタ汐留B213
電話●03-5537-2105　ファックス●03-5537-2106
HP●http://www.rakuten.co.jp/sho-chu/
営業時間●11時～22時　定休日●不定休

東京都◎三ツ矢酒店

住所●杉並区西荻南2-28-15
電話●03-3334-7447　**ファックス**●03-3334-7448
HP●http://www.oboshi.co.jp/syuhanten/mitsuya
営業時間●9時30分～21時30分　**定休日**●木曜

東京都◎荘酒店

住所●練馬区大泉町5-6-48
電話●03-3922-1544　**ファックス**●03-3922-1592
HP●なし
営業時間●10時～21時　**定休日**●水曜

東京都◎窪田屋商店

住所●練馬区東大泉2-18-3
電話●03-3922-3416　**ファックス**●03-3922-3417
HP●なし
営業時間●9時～21時　**定休日**●日曜、祝日

東京都◎酒のやままん

住所●練馬区中村2-10-5
電話●03-3990-3334　**ファックス**●03-3990-3997
HP●なし
営業時間●10時～22時　**定休日**●日曜

東京都◎大塚屋

住所●練馬区関町北2-32-6
電話●03-3920-2335　**ファックス**●03-3920-2357
HP●なし
営業時間●9時30分～21時　**定休日**●なし

東京都◎針金屋加藤酒店

住所●板橋区赤塚2-5-15
電話●03-3939-1043　**ファックス**●03-3939-1099
HP●なし
営業時間●11時～23時　**定休日**●月曜

東京都◎酒舗まさるや

住所●町田市鶴川6-7-2-102
電話●042-735-5141　**ファックス**●042-734-9900
HP●http://www.masaruya.com
営業時間●9時～20時　**定休日**●木曜

東京都◎碇屋(いかりや)酒店

住所●三鷹市下連雀3-28-2
電話●0422-43-4271　**ファックス**●0422-43-4271
HP●なし
営業時間●10時～22時30分　**定休日**●日曜

東京都◎大阪屋酒店

住所●武蔵野市吉祥寺北町1-3-8
電話●0422-22-3392　**ファックス**●0422-22-5906
HP●なし
営業時間●10時～22時　**定休日**●火曜

東京都◎酒の市川

住所●江戸川区松江5-9-9
電話●03-3652-9191　**ファックス**●03-3652-5464
HP●http://www.dab.hi-ho.ne.jp/umaine-jizake/
営業時間●9時～22時　**定休日**●日曜（7月、12月は無休）

東京都◎酒のこばやし

住所●江戸川区西葛西1-8-10
電話●03-3686-1929　**ファックス**●03-3686-1929
HP●http://sui_sui.at.infoseek.co.jp/
営業時間●9時～21時　**定休日**●日曜

東京都◎味ノマチダヤ

住所●中野区上高田1-49-12
電話●03-3389-4551　**ファックス**●03-3389-4563
HP●http://www.ajinomachidaya.com
営業時間●10時～18時30分　**定休日**●火曜

東京都◎酒の伊勢勇

住所●中野区鷺宮3-35-3
電話●03-3330-0434　**ファックス**●03-3339-8434
HP●http://www5a.biglobe.ne.jp/~iseyu/homepage/
営業時間●10時～22時　**定休日**●日曜、祝日

東京都◎藤小西for Wine Lovers

住所●中野区中央2-2-9 第三戸谷ビル
電話●03-3365-2244　**ファックス**●03-3365-2225
HP●http://www.fujikonishi.co.jp
営業時間●11時～23時　**定休日**●なし

東京都◎高原商店

住所●杉並区高円寺南3-16-22
電話●03-3311-8863　**ファックス**●03-3311-7877
HP●なし
営業時間●11時～23時　**定休日**●日曜

東京都◎目白田中屋

住所●豊島区目白3-4-14
電話●03-3953-8888　**ファックス**●03-3953-8886
HP●なし
営業時間●11時～21時　**定休日**●水曜

東京都◎伊勢五本店

住所●台東区谷中4-2-39
電話●03-3821-4557　**ファックス**●03-3821-4729
HP●http://www.isego.net
営業時間●9時～19時　**定休日**●日曜、祝日

東京都◎黒門町壽屋

住所●台東区上野1-2-6
電話●03-3831-6630　**ファックス**●03-3839-8488
HP●http://www.tctv.ne.jp/baiju
営業時間●9時～19時　**定休日**●日曜、祝日

神奈川県◎地酒のいちかわ

住所●横須賀市安浦町3-7
電話●046-823-0788　ファックス●046-823-5290
HP●なし
営業時間●10時〜20時　定休日●日曜、祝日

神奈川県◎山下酒店

住所●大和市福田2-6-3
電話●046-267-0807　ファックス●046-267-0807
HP●http://www.em-yamashita.com
営業時間●9時30分〜21時30分　定休日●火曜

山梨県◎いそべ酒店

住所●甲府市高畑2-4-3
電話●055-228-2323　ファックス●055-228-2324
HP●なし
営業時間●9時〜21時　定休日●日曜

山梨県◎依田酒店

住所●甲府市徳行5-6-1
電話●055-222-6521　ファックス●055-222-6525
HP●http://www.yodasaketen.co.jp
営業時間●9時〜20時　定休日●日曜

石川県◎普段着のごちそう みやした(宮下酒店)

住所●金沢市中村町4-3
電話●076-241-6547　ファックス●076-243-1473
HP●なし
営業時間●9時〜21時　定休日●水曜

福井県◎地酒蔵川越

住所●敦賀市清水町1-22-10
電話●0770-22-1074　ファックス●0770-22-1073
HP●なし
営業時間●9時30分〜21時　定休日●日曜

静岡県◎小泉酒店

住所●静岡市水道町74
電話●054-271-0335　ファックス●054-271-0368
HP●なし
営業時間●8時〜22時30分　定休日●不定休

静岡県◎篠田酒店

住所●静岡市清水入江岡町3-3
電話●0543-52-5047　ファックス●0543-52-9970
HP●なし
営業時間●9時〜20時　定休日●日曜

愛知県◎三河の酒屋　丸山

住所●蒲郡市三谷町東2-43
電話●0533-69-4024　ファックス●0533-69-4086
HP●なし
営業時間●9時〜19時　定休日●日曜、祝日、第3月曜

東京都◎小山商店

住所●多摩市関戸5-15-17
電話●042-375-7026　ファックス●042-373-9955
HP●http://sake180.cc//
営業時間●9時〜21時　日曜は10時〜19時　定休日●第3日曜

神奈川県◎横浜君嶋屋

住所●横浜市南区南吉田町3-30
電話●045-251-6880　ファックス●045-251-6850
HP●http://www.kimijimaya.co.jp
営業時間●10時〜20時。祝日は18時まで　定休日●日曜

神奈川県◎富登美酒店

住所●横浜市鶴見区仲通1-57-2
電話●045-511-5397　ファックス●045-505-3278
HP●なし
営業時間●9時30分〜22時30分　定休日●不定休

神奈川県◎西山屋

住所●川崎市幸区戸手本町2-225
電話●044-522-2902　ファックス●044-522-3817
HP●なし
営業時間●10時〜21時、日曜・祝日20時まで　定休日●月曜

神奈川県◎地酒や　たけくま酒店

住所●川崎市幸区紺屋町92
電話●044-522-0022　ファックス●044-522-1551
HP●http://www.takekuma.co.jp
営業時間●9時30分〜20時30分　定休日●水曜、第3木曜

神奈川県◎カサイ酒販

住所●川崎市高津区明津206-2
電話●044-777-2822　ファックス●044-751-3566
HP●http://www.kasaishuhan.co.jp
営業時間●9時〜23時　定休日●元旦

神奈川県◎藤沢とちぎや

住所●藤沢市本町4-2-3
電話●0466-22-5462　ファックス●0466-22-5477
HP●なし
営業時間●9時30分〜20時30分、日曜・祝日は19時30分まで　定休日●火曜

神奈川県◎寿屋酒店

住所●厚木市旭町5-1-3
電話●046-228-4954　ファックス●046-228-4046
HP●http://www.junmai.net
営業時間●9時〜22時　定休日●日曜

神奈川県◎掛田商店

住所●横須賀市鷹取町1-126
電話●046-865-2634　ファックス●046-865-2635
HP●http://www.kakeda.com
営業時間●9時〜20時　定休日●月曜、第3日曜

大阪府◎三井酒店

住所●八尾市安中町4-7-14
電話●0729-22-3875　ファックス●0729-22-0279
HP●なし
営業時間●9時30分～19時30分　定休日●日曜、祝日

大阪府◎寿々屋酒店(酒泉寿々屋)

住所●寝屋川市成田南町5-12
電話●072-834-0010　ファックス●072-834-0012
HP●http://www.ne.jp/asahi/sake/suzuya/
営業時間●8時～20時　定休日●日曜

兵庫県◎酒仙堂フジモリ

住所●神戸市東灘区本山中町4-13-26
電話●078-411-1987　ファックス●078-412-2868
HP●なし
営業時間●10時～21時30分　定休日●日曜

兵庫県◎酒の大宗

住所●神戸市東灘区本山南町9-7-23
電話●078-452-2328　ファックス●078-452-2328
HP●なし
営業時間●10時～21時　定休日●日曜

兵庫県◎丹元商店

住所●神戸市須磨区須磨浦通5-1-16
電話●078-731-1410　ファックス●078-731-6349
HP●http://www.tanmoto.com
営業時間●9時～24時。日曜は10時～19時　定休日●1月1日～3日

奈良県◎八宝酒店

住所●奈良市左京1-13-17
電話●0742-71-8888　ファックス●0742-71-8188
HP●なし
営業時間●10時～20時　定休日●水曜、第3木曜

島根県◎愉快探訪館　酒の槇戸天狗堂

住所●松江市東奥谷町373
電話●0852-21-4782　ファックス●0852-24-3642
HP●なし
営業時間●9時30分～22時　定休日●なし

広島県◎酒商山田

住所●広島市南区宇品海岸2-10-7
電話●082-251-1013　ファックス●082-251-6596
HP●http://www.yamadaya.net
営業時間●10時～19時30分　定休日●日曜、祝日、第3月曜

徳島県◎天羽酒舗

住所●徳島市佐古3番町6-19
電話●088-652-3414　ファックス●088-652-6007
HP●なし
営業時間●9時～20時　定休日●なし

三重県◎安田酒店

住所●鈴鹿市神戸6-2-26
電話●0593-82-0205　ファックス●0593-82-1797
HP●なし
営業時間●9時～21時　定休日●日曜

京都府◎六条名酒館タキモト

住所●京都市下京区六条通高倉東入
電話●075-341-9111　ファックス●075-343-4070
HP●http://www.eonet.ne.jp/~takimoto/
営業時間●9時～22時　定休日●1月1日～3日

大阪府◎きくや酒販

住所●大阪市浪速区日本橋西1-1-5
電話●06-6641-8436　ファックス●06-6643-1862
HP●http://www.kikuyashuhan.co.jp
営業時間●9時～19時　定休日●日曜、祝日

大阪府◎地酒狂リカーマートキムラ

住所●大阪市住之江区西住之江3-1-1
電話●06-6671-6217　ファックス●06-6672-1980
HP●http://www.osbic.or.jp/Com/Zizake/
営業時間●10時～22時。日曜、祝日は20時まで　定休日●なし

大阪府◎白菊屋

住所●高槻市柳川町2-3-2
電話●072-696-0739　ファックス●072-694-8586
HP●http://www2.atsight.ne.jp/mypage/ahy290o/index.html
営業時間●8時～20時　定休日●水曜

大阪府◎寿々屋酒店

住所●高槻市土橋町2-20
電話●072-675-5849　ファックス●072-675-5849
HP●http://www.sake-suzuya.com
営業時間●9時～20時　定休日●日曜、祝日

大阪府◎佐藤酒店ココス東大阪店

住所●東大阪市島之内1-8-20
電話●0729-66-2263　ファックス●0729-66-2296
HP●なし
営業時間●10時～21時、日曜、祝日は20時まで　定休日●1月1日～3日

大阪府◎酒商なかたに

住所●枚方市茄子作4-34-7
電話●072-852-5404　ファックス●072-852-4527
HP●http://www.sake-kura.com
営業時間●9時～20時30分　定休日●日曜

大阪府◎やまなか酒店

住所●枚方市野村中町38-12
電話●072-859-6222　ファックス●072-859-6222
HP●http://www.rakuten.co.jp/shochu/
営業時間●9時～21時　定休日●日曜、祝日

大分県◎小谷商店

住所●別府市中央町8-14
電話●0977-23-0698　**ファックス**●0977-21-0712
HP●http://www7.ocn.ne.jp/~kotani21/
営業時間●8時30分～20時30分　**定休日**●日曜（不定）

熊本県◎ひがし屋酒店

住所●菊池市大字北宮323-2
電話●0968-24-5936　**ファックス**●0968-24-5970
HP●なし
営業時間●9時～22時　**定休日**●第3日曜

宮崎県◎カコイ酒店

住所●都城市下長飯町463-4
電話●0986-39-3937　**ファックス**●0986-39-3937
HP●なし
営業時間●9時～20時　**定休日**●第3日曜

鹿児島県◎コセド酒店

住所●鹿児島市南栄6-916-72
電話●099-268-3554　**ファックス**●099-268-3578
HP●なし
営業時間●9時～20時。日曜は19時まで　**定休日**●第2、4日曜

鹿児島県◎宝納酒店

住所●鹿児島市堀江町16-7
電話●099-225-4510　**ファックス**●099-225-4520
HP●なし
営業時間●10時～21時　**定休日**●日曜

鹿児島県◎武岡酒店

住所●鹿児島市武岡2-1-3
電話●099-282-2203　**ファックス**●099-282-2284
HP●なし
営業時間●9時30分～20時30分　**定休日**●日曜

鹿児島県◎石野商店

住所●国分市広瀬2-28-33
電話●0995-45-5019　**ファックス**●0995-45-0653
HP●http://www2.synapse.ne.jp/imoimo/
営業時間●7時～23時　**定休日**●なし

鹿児島県◎焼酎屋《しょっつや》の前畑

住所●曽於郡財部町南俣1754-3
電話●0986-72-2155　**ファックス**●0986-72-2157
HP●なし
営業時間●8時～20時　**定休日**●第3日曜

愛媛県◎松本酒店

住所●松山市和気町2-940
電話●089-978-0250　**ファックス**●089-960-4132
HP●なし
営業時間●10時～18時30分　**定休日**●日曜、月曜

福岡県◎ひらしま酒店

住所●北九州市八幡東区羽衣町22-10
電話●093-651-4082　**ファックス**●093-651-4403
HP●http://www.hirasima-sake.net/
営業時間●10時～20時、日曜、祝日は19時まで　**定休日**●月曜、1月1日～4日、8月14日～17日

福岡県◎石橋酒店

住所●福岡市中央区六本松4-9-36
電話●092-741-7578　**ファックス**●092-781-3758
HP●なし
営業時間●10時～21時　**定休日**●日曜、祝日

福岡県◎とどろき酒店

住所●福岡市博多区三筑2-2-31
電話●092-571-6304　**ファックス**●092-571-6361
HP●http://www.todoroki-saketen.com/
営業時間●10時～20時、日曜、祝日は18時まで　**定休日**●月曜

福岡県◎カネダイ

住所●春日市上白水388-3
電話●092-572-4088　**ファックス**●092-572-8206
HP●http://www.kanedai.com
営業時間●10時～20時　**定休日**●1月1日、2日

福岡県◎地酒・焼酎屋・かごしま屋

住所●遠賀郡遠賀町今古賀647-2
電話●093-293-2010　**ファックス**●093-293-2010
HP●なし
営業時間●9時30分～21時　**定休日**●木曜

長崎県◎地酒地焼酎みやぞの

住所●諫早市早見町721-4
電話●0957-28-2415　**ファックス**●0957-28-2415
HP●なし
営業時間●9時～21時　**定休日**●第3日曜

大分県◎グラノシロサキ

住所●大分市城崎町1-2-34
電話●097-534-2775　**ファックス**●097-534-2776
HP●なし
営業時間●9時～19時30分　**定休日**●日曜、祝日

ひとり歩き（さつまいも）——88
百年の孤独（麦）——63、90
ピリカ伝説25°（じゃがいも）——164

ふ

文蔵（米）——55、155

へ

平成元年（さつまいも）——63
碧雲（酒粕）——157
紅乙女（ごま）——73、160
紅隼人（さつまいも）——89

ほ

宝山　蒸撰綾紫（さつまいも）——89
豊年（タイ米）——142
北緯44度（じゃがいも）——164

ま

舞香（麦）——57
舞富名（タイ米）——100
魔王（さつまいも）——51
牧場の夢（牛乳）——156
まさひろ（タイ米）——94
松の露（さつまいも）——151
松藤（タイ米）——65
萬膳（さつまいも）——147

み

瑞穂（タイ米）——65、94
三岳（さつまいも）——51
みやこんじょ（さつまいも）——63
宮の華（タイ米）——65

む

無月（さつまいも）——152
武者返し（米）——55、154
夢想仙楽（麦）——73
村尾（さつまいも）——51
紫（さつまいも）——89
紫ゆかり（さつまいも）——145

め

珍（人参）——160

も

森伊蔵（さつまいも）——51、86、144
盛若（麦）——75、162

や

八重桜（さつまいも）——151
八重泉（タイ米）——141
八重椿（さつまいも）——162
奴樽蔵（タイ米）——138
耶馬美人（麦）——57
山翡翠（米）——153
山鶴（酒粕）——79
山ねこ（さつまいも）——88
山乃守（麦）——59
弥生（黒糖）——61
やんばるくいな（タイ米）——140

ゆ

有泉（黒糖）——61、96、150
由布岳（麦）——57
百合（さつまいも）——51

よ

よかいち（麦）——79
与那国（タイ米）——100

ら

らんびき（麦）——73

り

琉球王朝（タイ米）——142
琉球クラシック（タイ米）——138
龍宮（黒糖）——61、149

れ

礼文島（昆布）——77

ろ

ロイヤル瑞穂（タイ米）——139

わ

鰐塚（さつまいも）——88

さ

彩葉（米）――155
桜島（さつまいも）――86
桜島　黒麹仕立て（さつまいも）――143
さつま黒若潮（さつまいも）――148
さつま国分（さつまいも）――144
さつま島美人（さつまいも）――147
さつま白波　伝承（さつまいも）――144
さつま大海（さつまいも）――145
薩摩宝山（さつまいも）――146
佐藤　黒（さつまいも）――51
里の曙（黒糖）――61、96、148
サボテン焼酎（サボテン）――63
猿川（麦）――158

し

四季の詩（米）――92
時雨（タイ米）――65、138
七萬石（ワカメ）――59
島唄（タイ米）――139
嶋自慢（麦）――75、162
情け嶋（しまなさけ）（麦）――75、163
島の華（麦）――75、163
四万十
　ミステリアス・リザーブ（栗）――161
じゃがたらお春（じゃがいも）――59、159
爵エクセレンス（米）――156
昇龍（黒糖）――61、150
松露（さつまいも）――63
初代嘉助　レギュラーボトル（麦）――158
白金乃露　黒（さつまいも）――147
神武（麦）――153

す

瑞泉　黒龍（タイ米）――138
スーパーゴールド33（麦）――59
杉の香　美味杉（清酒）――79
ステラ（麦）――18

せ

青一髪（麦）――59
石仏　大日如来（麦）――57
千亀女（さつまいも）――86、147

た

大河の一滴（麦）――63、90
龍《たつ》ゴールド（タイ米）――65
七夕（さつまいも）――146
ダバダ火振（栗）――79
鍛高箪（しそ）――77、100

ち

忠孝（タイ米）――140
ちょうちょうさん（麦）――59
ちんぐ（麦）――59

つ

月の中（さつまいも）――152
つくし黒ラベル（麦）――73
つんぶり（酒粕）――77

て

鉄幹（さつまいも）――143
田苑さつまひかり（さつまいも）――89
天山戸隠（そば）――96
天使の誘惑（さつまいも）――51
天照（そば）――96
天地水楽（さつまいも）――146
天の美緑（緑茶）――73
天蓬来（よもぎ）――63

と

峠　35°（そば）――161
刻《とき》の封印（米）――55
特吟　六調子（米）――156
どなん（タイ米）――44、65
どなん　30度古酒（タイ米）――142
富乃宝山（さつまいも）――51
豊永蔵（米）――156

に

二階堂（麦）――57
にごり酒　芋（さつまいも）――143

は

ハイカラさんの焼酎（さつまいも）――51
白岳（米）――55
白岳しろ（米）――155
花恋慕（黒糖）――61
浜千鳥乃詩（黒糖）――61
浜の芋太（さつまいも）――89
パリ野郎（砂糖大根）――22
春雨（タイ米）――65、139

ひ

菱娘（ひし）――73
秘蔵酒げってん（米）――44

焼酎銘柄さくいん

本書に登場する焼酎（50音順）

（　）内は原料名

あ

逢初（さつまいも）――152
會津武家焼酎（酒粕）――77、163
蒼い永劫（さつまいも）――150
青酎（さつまいも）――74
朝日（黒糖）――61、149
あじゃ（黒糖）――149
あなたにひとめぼれ黒（さつまいも）――151
天の川（麦）――158
天吹（酒粕）――73
天吹　吟醸粕取り原酒（酒粕）――160
奄美（黒糖）――61
奄美エイジング（黒糖）――96
泡波（タイ米）――65

い

いいちこ（麦）――57、90
et（かぼちゃ）――63
壱岐っ娘（麦）――90、159
伊佐大泉（さつまいも）――89
伊佐美（さつまいも）――51
石の蔵から（さつまいも）――51
いそっ子（海藻）――79
一勝地（米）――154
岩いずみ（さつまいも）――146

う

歌垣（麦）――73、159
うりずん（タイ米）――141
美しき古里（タイ米）――141
雲海（そば）――63、96、153

お

おいさぁ（ホテイアオイ）――79
オールド壱岐（麦）――158
飫肥杉（さつまいも）――63

か

皆空（米）――92
海童　祝の赤（さつまいも）――145
かのか（麦）――18
兼八（麦）――57、157
甕雫（さつまいも）――63
かりゆし（タイ米）――65
川辺（米）――154
完がこい（米）――55、93

き

氣　白麹仕込み（黒糖）――148
喜界島（黒糖）――61
菊之露（タイ米）――44
菊之露　VIP 8 年（タイ米）――141
黄八丈（麦）――75
九代目（米）――55、155
京屋時代蔵かんろ（さつまいも）――150
玉露（さつまいも）――144
きよさと（じゃがいも）――77
霧のサンフランシスコ（とうもろこし）――22
㐂六（さつまいも）――152
吟香　鳥飼（米）――55、154
銀座のすずめ　黒麹（麦）――57、157
吟酔人（米）――160

く

クマ笹焼酎（クマ笹）――77
久米島の久米仙（タイ米）――65、94、140
黒　伊佐錦（さつまいも）――142
くろうま（麦）――63
くろうま長期貯蔵酒（麦）――153
黒霧島（さつまいも）――151
黒潮（麦）――75、163
黒松乃泉（米）――93

け

決戦前夜（麦）――63

こ

香吟のささやき（麦）――57、157
ゴールド飛山（米）――77
吾空（麦）――159
極上　しな野（そば）――161
極醸（米）――92
極楽（米）――55
小鹿（さつまいも）――148
御神火　凪海（麦）――75、162
梢（さつまいも）――82
琥珀乃梟（長いも）――164
小牧（さつまいも）――145

●参考文献

「本格焼酎を愉しむ」田崎真也（光文社）
「旨い！本格焼酎　匠たちの心と技にふれる旅」山同敦子（ダイヤモンド社）
「退屈知らずの酒読本　本格焼酎編」橋口孝司・長田卓（青春出版社）
「焼酎ぐるぐる」大田垣晴子（ワニブックス）
「2003年度版　本格焼酎・泡盛ガイド」（金羊社）
「焼酎楽園」（金羊社）
「九州焼酎王国」（プランニング秀巧社）
「泡盛はおいしい　沖縄の味を育てる」富永麻子（岩波書店）
「焼酎東回り西回り」玉村豊男（紀伊国屋書店）
「しょうちゅう業界の未来戦略」野間重光・中野元（ミネルヴァ書房）
「本格焼酎のすべて」蟹江松雄（チクマ秀版社）
「乙に愉しむ本格焼酎　うまい焼酎を求めて南へ。」（学研）
「焼酎大全　隠れたこだわりの名品が切り拓く焼酎ルネッサンス」（主婦の友社）
「酒と酵母のはなし」大内弘造（技報堂出版）
「カビと酵母」小崎道雄（八坂書房）
「銘酒誕生　白酒（パイチュウ）と焼酎」小泉武夫（講談社）
「焼酎現代考」稲垣真美
「本格焼酎：南九州の風土を味わう」小川喜八郎（鉱脈社）
「いも焼酎の人びと」大本幸子（TaKaRa酒生活文化研究所）
「いらっしゃいませ！　雑学居酒屋」ハイパープレス（PHP研究所）

●監修者紹介

須見洋行（すみ・ひろゆき）
倉敷芸術科学大学産業科学技術学部教授
1945年奈良県生まれ。徳島大学医学部大学院修了。医学博士。シカゴ・マイケルリース研究所在外研究員、宮崎医科大学、岡山県立大学を経て、1997年より現職。専門は血栓症の研究で、1988年「アルコール飲用後の血栓溶解酵素活性について」をイギリスの医学雑誌に発表し、注目を集める。（焼酎と健康について担当）

稲　保幸（いな・やすゆき）
銀座のバー「ステラ」総支配人
1933年鹿児島県名瀬市出身。全日本バーテンダー協会全国理事、月刊「バーテンダー」編集委員長を歴任。主な著書に「世界の酒事典」（柴田書店）、「カクテル事典315」（新星出版社）、「世界のカクテル大事典」全3巻（しゅるい研究所）など多数。（焼酎のカクテルについて担当）

太田雄一郎（おおた・ゆういちろう）
株式会社太田商店代表取締役
1935年東京都生まれ。慶応義塾大学卒業後、国分株式会社を経て、家業の株式会社太田商店に入社。1971年より現職。国内外の酒を取り扱う酒類問屋で、清酒、焼酎に精通している。（日本各地の焼酎について担当）

鈴木　町子（すずき・まちこ）
料理ジャーナリスト
早稲田大学在学中に「女性自身」の特派記者となり、料理ページを担当。独立後、ベル・クッキンググループを設立し、女性誌や新聞、テレビなどで「今の暮らし」に合わせた料理を紹介している。また日本酒造組合中央会のHPで「ベストマッチ　よく合う料理」を担当。（焼酎と料理について担当）

菅原　實（すがわら・みのる）
株式会社三美代表取締役社長
国際的に権威のある「キーパーズ・オブ・ザ・クアイヒ」（Keepers of the Quaich）のメンバー。日本におけるモルト・ウイスキーの先覚者。海外における商品開発の経験が豊富で、世界の洋酒を輸入販売し、国内外の酒に精通している。ジンジャービアや本格焼酎「梢」のプロデュースも手掛ける。ワインにも造詣が深い。（焼酎全般について担当）

●取材協力

若潮酒造協業組合
日本酒造組合中央会　福岡県酒造組合　佐賀県酒造組合　大分県酒造組合
熊本県酒造組合　宮崎県酒造組合　鹿児島県酒造組合　長崎県酒造組合
沖縄県酒造組合　鹿児島県工業技術センター

装幀　亀海昌次
本文イラスト　押切令子
はせがわひろこ
本文デザイン　はいちデザイン
UZUデザイン
校正　小村京子
編集協力　オフィス201
重信真奈美
編集　福島広司　鈴木恵美（幻冬舎）

知識ゼロからの焼酎入門

2004年2月25日　第1刷発行
2005年1月20日　第3刷発行

編著者　日本酒類研究会
発行者　見城　徹

発行所　株式会社 幻冬舎
〒151-0051　東京都渋谷区千駄ヶ谷4-9-7
電話　03-5411-6211（編集）　03-5411-6222（営業）
振替　00120-8-767643
印刷・製本所　株式会社　光邦

検印廃止

ISBN4-344-90054-5 C2077
Printed in Japan
幻冬舎ホームページアドレス　http://www.gentosha.co.jp/
この本に関するご意見・ご感想をメールでお寄せいただく場合は、comment@gentosha.co.jpまで。